Manfred Becker-Huberti · DER HEILIGE MARTIN

Vorwort

Mit roten Backen, die Laterne in der Hand und mit Augen, die mit der Laterne um die Wette strahlen, folgen Kinder (und ihre Eltern!) singend dem heiligen Martin auf dem Pferd – mehr als 1600 Jahre nach dem Tod des Heiligen! Die wenigsten machen sich Gedanken darüber, dass sie sprichwörtlich Sankt Martin „nachfolgen", also einem nachgehen, der Christus nachgefolgt ist, weil er so sein wollte wie er.

Die Kinder folgen am Martinsabend nicht nur dem heiligen Martin nach, sie tragen auch Lichter, Lampions, Fackeln oder Leuchten in ihren Händen. Sie bringen „Licht in die Dunkelheit", erleuchten die Finsternis. Auch dies ist symbolisches Tun, denn im Matthäusevangelium heißt es: „So soll euer Licht vor den Menschen leuchten, damit sie eure guten Werke sehen und euren Vater im Himmel preisen" (Matthäus 5,16). „Licht" steht aber auch für Jesus Christus selber; im Johannesevangelium heißt es: „Als Jesus ein andermal zu ihnen redete, sagte er: Ich bin das Licht der Welt. Wer mir nachfolgt, wird nicht in der Finsternis umhergehen, sondern wird das Licht des Lebens haben" (Johannes 8,12). Diese Lichtsymbolik ist uralt. In den Zeiten Jesu wurden z. B. am siebten Tag des Laubhüttenfestes im Frauenvorhof des Tempels vier große Leuchter aufgestellt, die ihr Licht über ganz Jerusalem verbreiten sollten. Ob Martinsfackel oder Martinsfeuer – das Licht des Guten lässt die Finsternis weichen.

Das Schlüsselereignis im Leben des heiligen Martin, die Mantelteilung, wird in der Regel nachgespielt. Spielerisch lernen Kinder, dass Teilen Überlebenshilfe sein kann, dass Teilen immer wenigstens zwei Menschen glücklich macht.

Und, das ist doch klar, wenn man beim Gripschen, Schnörzen oder Betteln – wie immer auch das Heischen in der jeweiligen Gegend heißt – an sich selber erfährt, wie schön es ist, beschenkt zu werden, dann haftet das Erlebte, Erspielte, Gesehene und Gesungene umso besser.

Wenn Kinder dann ihr Recht am „Reichtum" der „Reichen", die meist gerne geben, nicht nur für sich fordern, sondern das Geschenkte wirklich teilen – mit Kindern in der Dritten Welt, Heimkindern, Behinderten... –, dann setzen sie das Erlernte auch gleich in die Tat um.

Der heilige Martin verbindet heute über die Konfessionen, ja vielerorts auch über die Religionen hinweg. Gutes tun und anderen helfen schweißt alle Menschen guten Willens zusammen. Über diese Entwicklung soll man sich freuen, das Martinsbrauchtum aber nicht seiner religiösen Wurzeln berauben und säkularisieren. Wie eine Pflanze ohne Wurzeln würde das Brauchtum und der in ihm enthaltene Sinn verdorren.

Dieses Buch will den heiligen Martin von Tours vorstellen, seine Geschichte, seine Legenden und das reiche Brauchtum seines Gedenktages. „Toujours Martin de Tours", hat der Bischof von Tours zum 1600-Jahr-Jubiläum des heiligen Martin formuliert. Und Recht hat er: Martin bleibt aktuell.

Dr. theol. Manfred Becker-Huberti

Gebet zum
heiligen Martinus

Großer Bischof, eifriger Förderer des Glaubens und des klösterlichen Lebens und liebevoller Vater der Armen, erbitte mir von Gott die gleichen Tugenden, die dich in deinem irdischen Leben geziert haben:

Ich bitte um Festigkeit im Glauben, um Eifer im Dienst Gottes, um eine große Liebe zu meinen Nächsten; ich bitte um die Gnade, in meinem Stande und in meinen Lebensverhältnissen zu Gottes Ehre und zum Heil des Nächsten zu wirken und besonders denen nützlich zu werden, die mir anvertraut wurden.

Erbitte mir von Gott Beistand, um den Versuchungen des Bösen zu widerstehen, damit ich in Freude meinen Glauben leben kann.

Heiliger Martinus, bitte für mich, damit ich wie du in meinem Leben Jesus Christus nachfolgen kann.

Nach einem Gebet aus
„Brod der Engel", Dülmen,
16. Aufl. 1892, S. 462

Martinus und der
erhöhte Christus
Sieger Köder

9

Über 1600 Jahre Gedenken an den heiligen Martin von Tours

Bei seinem Pastoralbesuch in Frankreich im Jahr 1996 hat Papst Johannes Paul II. am Grab des heiligen Martin von Tours gebetet. Dieser Heilige, der das Reich der Franken und die von ihnen besiedelten Gebiete geprägt hat, war in der lateinischen Kirche der Erste, der den Grad der Heiligkeit nicht durch seinen heldenhaften Tod als Märtyrer, sondern durch sein heroisches Leben erreichte. Vor über 1600 Jahren, am 8. November 397, ist der dritte Bischof von Tours gestorben. Martin, personales Bindeglied zwischen Rom und dem Frankenreich, verkörperte modellhaft für Jahrhunderte das neue spätantike Priester- und Bischofsideal: Ein asketischer Mönch, gebildet und tatkräftig zugleich, für den Kult und Kultur der gleichen Quelle entsprangen, der lebte, was er predigte, der sich vor Christus beugte, um ihn herrschen zu lassen.

„Mein Herr, es ist ein harter Kampf, den wir in Deinem Dienste in diesem Dasein führen. Nun aber habe ich genug gestritten. Wenn Du aber gebietest, weiterhin für Deine Sache im Felde zu stehen, so soll die nachlassende Kraft des Alters kein Hindernis sein. Ich werde die Mission, die Du mir anvertraust, getreu erfüllen. Solange Du befiehlst, werde ich streiten. Und so willkommen dem Veteranen nach erfüllter Dienstzeit die Entlassung ist, so bleibt mein Geist doch Sieger über die Jahre, unnachgiebig gegenüber dem Alter." Die überlieferten letzten Worte des heiligen Martin klingen wie ein Rapport. Sie lassen die innere Einstellung eines ehemaligen Soldaten erkennen: Disziplin und Pflichterfüllung kennzeichnen diesen Mann, der sich nicht blind einem Gott unterworfen, sondern sich Gottes Sache zu Eigen gemacht hat. Schwärmerisches, unkontrolliertes Gefühl muss diesem Mann fremd gewesen sein.

Gesprochen wurden diese Worte im Jahr 397, vor über 1600 Jahren. Der sie gesprochen hat, hieß Martinus und war Bischof von Tours – bereits zu Lebzeiten eine Legende. Von Geburt ein Römer, stammte er aus einer Familie mit militärischer Tradition. Schon sein Name war Programm: „Martinus" leitet sich ab vom Kriegsgott Mars und lässt sich übersetzen mit „zum (Kriegsgott) Mars gehörend" oder „Kämpfer, Kriegerischer". Dank Martin konnten die Christen diesen martialischen Namen übernehmen: Durch den Bischof von Tours hatte er einen neuen Sinn erhalten: „Martin" war nicht mehr länger ein disziplinierter Kämpfer unter dem römischen Kriegsgott, sondern ein Soldat Gottes, einer, der sich mit Eifer und Disziplin in die Pflicht der Kirche nehmen ließ.

Um 316/317 wurde Martin in Sabaria, Hauptstadt der römischen Provinz Pannonien, dem heutigen Steinamanger oder Szombathely in Ungarn, als Sohn eines römischen Offiziers geboren. In Pavia erzogen, wohin der Vater als Militärtribun versetzt worden war, trat er mit 15 Jahren in die römische Armee ein. Für die Söhne von Berufssoldaten war der Fahneneid in diesem Alter obligatorisch.

Die Mantelteilung
Skulptur
Basilika St-Martin,
Tours

Martin diente in einer Eliteeinheit, der berittenen kaiserlichen Leib-
garde, den „scholares alae", zunächst unter Konstantin und später
unter Julian („Apostata").

Während seiner Dienstzeit bereitete sich Martin drei Jahre lang auf
die christliche Taufe vor. Sein Biograph berichtet, dass er sich nach
Kräften um gute Werke mühte: Er stand Kranken bei, brachte
Notleidenden Hilfe, gab Hungernden Nahrung, bekleidete Nackte
und behielt von seinem Sold nur das zurück, was für das tägliche
Leben unverzichtbar war. Bei seinen Kameraden war Martin beliebt,
aber nicht weil er andere durch raue Soldatenmanieren beeindruck-
te, sondern wegen seiner Hilfsbereitschaft und Bescheidenheit. Als
Soldat scheint er aber nicht unfähig gewesen zu sein: Er wurde
bereits nach kurzer Dienstzeit Offizier.

Um 334 war der achtzehnjährige Gardeoffizier in Amiens statio-
niert. Neben Châlons und Reims war Amiens seit den Tagen Caesars
von strategischer Bedeutung. Es ist bekannt, dass dort eine Reiter-
truppe unter dem Namen „equites catafractarii Ambianenses" aufgestellt wurde. In eben jene Zeit fällt das Ereignis, das bis heute das
Andenken an Martin wach hält:

Eines Tages, mitten im Winter, der derart hart war, dass viele
Menschen der strengen Kälte zum Opfer fielen, begegnete Martin
am Stadttor von Amiens (civitas Ambianensium) einem armen,
unbekleideten Mann. Martin selbst trug außer seinen Waffen und
seinem Militärmantel nichts bei sich. Als der Bedauernswerte nun
die Vorübergehenden bat, sie möchten sich seiner erbarmen, diese
jedoch den armen Mann übersahen, verstand Martin, vom Geist
Gottes erfüllt, dass der Bettler ihm zugewiesen sei, da die anderen
Menschen kein Erbarmen zeigten. Aber was sollte er tun? Außer seinem Militärmantel, den er trug, besaß er nichts, hatte er doch schon,
was er sonst besessen hatte, für eine ähnliche barmherzige Tat verwendet. Deshalb nahm er sein Schwert, das er umgürtet trug, teilte den Mantel in der Mitte entzwei und gab die eine Hälfte dem

11

Armen, die andere Hälfte behielt er. Einige aus seiner Begleitung machten sich über ihn lustig, da ihn der zerschnittene Mantel entstellte. Durchaus glaubhaft ist, was später erzählt wurde, weil es militärischem Denken entspricht: Außer dem Spott seiner Mitmenschen habe Martin auch noch eine Arreststrafe seitens seiner Vorgesetzten hinnehmen müssen: drei Tage Haft wegen mutwilliger Beschädigung von Militäreigentum.

In der Nacht, die auf die Mantelteilung folgte, erschien Martin im Traum Jesus Christus, bekleidet mit Martins halbem Militärmantel. Zu den ihn umgebenden Engeln sprach Christus: „Martinus, der noch nicht getauft ist, hat mich mit diesem Mantel bekleidet!" In diesem Traum sah der junge Offizier eine erneute Aufforderung, den Militärdienst aufzugeben, um in den Dienst Gottes zu treten. Nach mehrjähriger Vorbereitungszeit ließ sich Martin in Amiens, damals schon Bischofssitz (346 nahm ein Bischof von Amiens am Konzil in Köln teil), taufen. Seinen Militärdienst gab er aber noch nicht auf, weil sein Hauptmann, mit dem er befreundet war, ihn gebeten hatte, erst nach zwei Jahren um die Entlassung aus dem Militärdienst zu bitten.

Die älteste Quelle erwähnt an keiner Stelle ein Pferd, auf dem der spätere Heilige bei der Mantelteilung gesessen hätte. Die Reiterpose des Helden mit dem Schwert war aber in römischer Zeit eine bekannte Stereotype in der Kunst. Spätere Darstellungen haben die-

sen alten Bildtyp, der den heldenhaften Soldaten darstellte, übernommen und zugleich verfremdet: Nicht mehr einen unterlegenen
Gegner zwingt der Reiter nun in den Tod, er erhält durch das Teilen
einem Notleidenden das irdische Leben und erwirbt sich durch
diese christliche Haltung das ewige Leben.

Nachdem die Germanen erneut in Gallien einfielen, zogen die
Römer am Rhein ein Heer zusammen. Im Heerlager bei Worms kam
es zu der entscheidenden Begegnung zwischen dem christlichen
Gardeoffizier und Kaiser Julian, dem die Geschichte den Beinamen
„Apostata" (d. h. der Abtrünnige) gegeben hat, weil er selbst das
Christentum ablehnte und ihm auch seine Soldaten abspenstig zu
machen suchte. Wie in jenen Zeiten üblich rief der Imperator vor
dem Kampfeinsatz seine Soldaten einzeln zu sich, um ihnen das
„donativum", eine Prämie, zu übergeben. Als Martin aufgerufen
wurde, nahm er kurzentschlossen diese Gelegenheit wahr, um seine
Entlassung aus dem Militär zu erbitten. Weil er sich als Christ nicht
berechtigt sah, mit der Waffe zu kämpfen und Blut zu vergießen,
wollte er folgerichtig auch keine Prämie annehmen. Deshalb sprach
er zum Kaiser: „Bis heute habe ich dir als Soldat gedient; erlaube, dass
ich in Zukunft für Gott streite. Deine Prämie möge annehmen, wer
kämpfen will. Ich bin ein Soldat Christi. Mir ist es nicht erlaubt, mit
der Waffe zu kämpfen." Der Kaiser erzürnte wegen dieser Rede und
herrschte Martin an: „Aus Furcht vor der Schlacht verweigerst du
den Dienst, aber nicht aus religiösen Gründen!" Martin aber er-
widerte unerschrocken und bestimmt: „Wenn man meine Haltung
der Feigheit, nicht aber der Glaubenstreue zuschreibt, werde ich
morgen unbewaffnet vor die Schlachtreihe treten, und im Namen
des Herrn Jesus werde ich unter dem Schutz des Kreuzes, ohne
Schild und Helm, sicher durch die Reihen der Feinde gehen." Der
Kaiser ließ ihn gefangen nehmen, um ihn am folgenden Tag den
Feinden gegenüberzustellen. Ehe es jedoch dazu kam, sandten die
Germanen eine Botschaft und ergaben sich dem Kaiser.

Heiliger Martin
Glasfenster in der
Stiftskirche St-Martin,
Candes

Nach seiner Entlassung aus dem Militärdienst begab sich Martin nach Poitiers, um Schüler des dortigen Bischofs Hilarius zu werden und die Priesterweihe anzustreben. Anschließend drängte es ihn, seine Eltern, die noch nicht Christen waren, wiederzusehen und zum christlichen Glauben zu bekehren. Aber in seiner Heimat Pannonien hatte sich zwischenzeitlich der Arianismus ausgebreitet, eine (christliche) Lehre, deren Vertreter sich dem orthodoxen katholischen Christentum widersetzten. Martins Missionsversuche scheiterten zwar; dennoch hatte er seine Mutter für das Christentum gewinnen können. Vor der Verfolgung durch die Arianer zog sich Martin als Einsiedler auf die Insel Gallinaria an der Riviera zurück.

Bischof Hilarius, der in diesen bewegten Jahren ins Exil hatte gehen müssen, kehrte um 360 nach Poitiers zurück, ebenso Martin. Im nahe gelegenen Ligugé gründete er ein Kloster, wo sich bald zahlreiche Gleichgesinnte fanden.

Als Ratgeber und Nothelfer wurde Martin schnell in der gesamten Touraine bekannt. Nach etwa zehn Jahren, als ein neuer Bischof für Tours gesucht wurde, machten ihn die Menschen zu ihrem Favoriten. Diese Popularität – in Martins Vita haben die etwa zehn Jahre klösterlicher Aktivität kaum Niederschlag gefunden – kann nur durch öffentliche und wirkungsvolle Tätigkeit erklärt werden. Martin suchte sich zunächst dem Drängen der Bevölkerung zu entziehen. Jüngere Quellen erzählen, er habe sich in einem Gänsestall vor den Menschen versteckt, sei aber durch das aufgeregte Geschnatter der Gänse verraten worden. Gegen den Widerstand einiger Bischöfe setzte die Bevölkerung Martin durch. Am 4. Juli 372 wurde er geweiht.

Bischof geworden, wandte Martin alle Kraft auf, um seine Aufgabe mit großem Ernst und Nachdruck zu verwirklichen. Auch als Bischof lebte er die Tugend der Demut und die Bescheidenheit. Zu

Zellen des vom heiligen Martin gegründeten Klosters Marmoutier am Steilufer der Loire bei Tours (im 19. Jh. zum Teil zerstört)

seiner Residenz erkor er eine Klosterzelle; auch als Bischof wollte er nicht auf Besinnung, Askese und Distanz zur weltlichen Geschäftigkeit verzichten. Auf steilem Felsen über der Loire stiftete er das Kloster Marmoutier (maius monasterium), in dem die Askese blühte und das zahlreiche Missionare und Bischöfe hervorbrachte. Diese Ausrichtung seines Klosters – Askese verbunden mit kulturellem Engagement und weltzugewandtem Missionsapostolat – prägte für Jahrhunderte die abendländischen Klöster zutiefst.

Von seinem Stützpunkt aus führten Martin zahlreiche Missionsreisen durch das Land, über seine eigene Diözese hinaus in das Gebiet der mittleren Loire (Chartres, Amboise, Levroux). Er kam auch nach Paris (Heilung eines Leprakranken) und nach Vienne. Martin suchte die Getauften zu stärken und die Nichtchristen von Jesus Christus zu überzeugen. Zustatten kamen ihm bei diesen Reisen seine Wortmächtigkeit, seine Wundertaten und Wunderheilungen (z. B. 386 in Trier) und ein über alle Verdächtigungen erhabener Gerechtigkeitssinn. Martin verkörperte ein Ideal: der Mönch als Priester, Arzt und Nothelfer. Es wird von ihm berichtet, dass er auch durch persönlichen Einsatz den Vollzug schwerer Strafen, die auf geringe Vergehen standen, verhinderte. In einem Fall soll er eine ganze Winternacht vor dem Tor einer Burg gekauert haben, um einigen armen Sündern Leben und Freiheit zu erlangen. Martins Biograph schildert in beispielhaften Episoden, wie der Bischof unerbittlich gegen nichtchristliche Kultstätten, insbesondere keltische Baumheiligtümer, vorging. Geschickt verstand es Martin, die heidnischen Kultstätten, Kulte, Feste und Bräuche christlich neu zu beleben.

Im Rahmen seiner bischöflichen Tätigkeiten traf er mit den Großen seiner Zeit zusammen, unter anderem auch mit den Kaisern

Stiftskirche St-Martin, Candes, 12./13. Jh. erbaut an der Stelle, an der der heilige Martin 397 starb
Gemälde

Valentinian I. und Maximus. Letzteren suchte er 386 in Trier auf, weil er für Priscillian, der vor dem kaiserlichen Gericht angeklagt war, Partei ergriff. Priscillian, ein vornehmer und gebildeter spanischer Laie, war der Leiter einer nach ihm benannten asketischen Gruppe. Von seinem Gegner, Bischof Ithacius, war Priscillians Bewegung 380 auf einer Synode zu Caesaraugusta, dem heutigen Saragossa, als Sekte verdammt worden. Bischof Ithacius gewann dadurch zwar das Interesse von Kaiser Maximus; unter den Bischöfen aber kam es zu Spannungen, weil erstmalig im Fall vermeintlicher Ketzerei ein Todesurteil ausgesprochen worden war. Martin war entschieden gegen dieses Urteil.

Ruine der Basilika St-Martin, Tours, Grabkirche des heiligen Martin, 1798–1801 abgetragen, nach einer zeitgenössischen Zeichnung

Im Gegensatz zu anderen Bischöfen hatte er bislang dem in Trier residierenden Kaiser Maximus die Reverenz verweigert, weil er nicht mit einem Mann an einem Tisch sitzen wollte, der durch Gewalt und Mord an die Macht gekommen war; Maximus hatte nämlich seinen Vorgänger Gratian ermordet. Um Priscillians Leben zu retten, suchte er den Kaiser auf, protestierte gegen das Todesurteil für Häretiker und gegen die Einmischung des Staates in kirchliche Angelegenheiten. Martins mutiges Auftreten in Trier erwarb ihm zwar die Achtung des Kaisers, ersparte aber Priscillian nicht den Tod: Er wurde mit sechs Gefährten in Trier lebendig verbrannt.

Martin selbst ereilte der Tod auf einer seiner Seelsorgereisen. Am 8. November 397 starb er im Alter von etwa 81 Jahren in Candes, heute Candes-Saint-Martin, ein Städtchen an der Loire, etwa 50 km von Tours entfernt. Am 11. November wurde er in Tours unter ungeheurer Anteilnahme der Bevölkerung beigesetzt.

Nicht wie sonst üblich der Todestag, sondern der Tag der Beisetzung Martins in Tours wurde schon bald in der ganzen Kirche als hoher Festtag begangen. Martin erwarb in den Augen des Kirchenvolkes als

einer der ersten Heiligen die „sanctitas" durch das unblutige Martyrium der Askese (martyrium sine cruore) und durch charismatische Wunderkraft. Ohne dass er in der erst später üblichen Form eigens kanonisiert worden war, wurde Martin im offiziellen Kult der Kirche verehrt. Nicht mehr ein Märtyrertod, sondern sein Leben und Wirken begründete seine Einordnung als Bekenner. Das Leben eines Confessors galt als unblutiges Martyrium, der Bekenner als „martyr ex voto". Weil in nachkonstantini-

Der Leichnam des heiligen Martin wird aus Candes entführt, in ein Schiff gebettet und nach Tours überführt
Buchmalerei, 12. Jh., Sacramentaire de St-Martin (Tours, Bibliothèque Municipale, Ms. 193, fol. 89)

scher Zeit das Blutzeugnis für Christus nicht mehr erforderlich war, wurde die durch Martin geprägte Verbindung von asketischem Mönchsideal, Gerechtigkeitssinn und apostolischer Weltzugewandtheit zum Ideal eines lebenslänglichen christlichen Totaleinsatzes.

Das Grab, über dem sich im 5. Jahrhundert zunächst eine Kapelle, dann eine prächtige Basilika mit klösterlicher Cella (die Abtei St-Martin entstand daraus) erhob, wurde das von Pilgern bis ins späte Mittelalter angenommene fränkische Nationalheiligtum, die – nach Rom – meist besuchte Wallfahrtsstätte. Der Frankenkönig Chlodwig (481–511) erhob Martin schließlich zum Nationalheiligen und Schutzherrn der fränkischen Könige, die seitdem Martins Mantel in Schlachten als Reichskleinod mitführten. In den Wirren späterer Kriege ist diese Reliquie verloren gegangen. Popularität im gesamten christlichen Abendland gewann Martin durch die über ihn verfassten Schriften. Die älteste und wichtigste Schrift, die „Vita S. Martini" (um 395), stammt von Sulpicius Severus (um 363–425), einem aquitanischen Adligen und Freund des Heiligen. Diese Biographie wurde zum Muster christlicher Hagiographie: die Beschreibung der Nachfolge Christi durch das Beispiel des Bischofs Martin. Andere Autoren setzten andere Akzente: Paulinus von Petricordia mit seiner „Vita S. Martini episcopi" (um 470), Venantius Fortunatus mit der „Vita S. Martini Turoniensis" und vor allem Gregor von Tours (538–594) mit „De virtutibus S. Martini".

Innenansicht der Stiftskirche St-Martin, Candes

Die Legenden und die örtliche Verehrung des heiligen Martin strahlten in die gesamte Kirche aus: Schon bald entstanden die ersten Martinskirchen: in Rom (S. Martino ai Monti), auf dem Monte Cassino und in Linz/Donau. Bis zum Ausgang des Mittelalters sollen allein in Frankreich 3.667 Martinskirchen gezählt worden sein. Zur

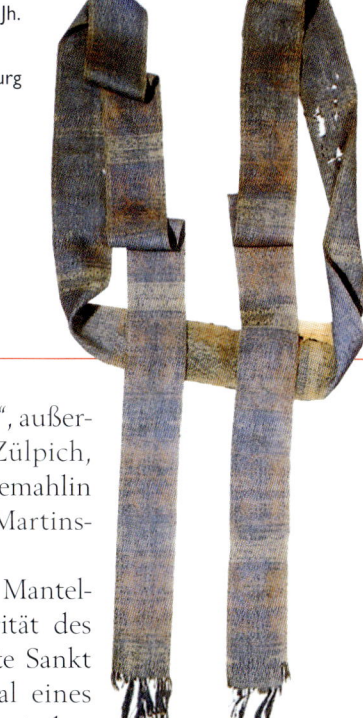

So genannte Stola des heiligen Martin, 11./12. Jh. Kirchenschatz der Stiftskirche Aschaffenburg

Besonderheit dieser Kirchen gehörte ihre Lage „extra muros", außerhalb der Stadt (in Deutschland: Trier, Köln, Bonn, Zülpich, Dillingen, Fürth, Bamberg, Freiburg/Br. etc.). Chlodwigs Gemahlin Chlodhilde stiftete an allen fränkischen Königshöfen Martinskirchen. Fünf Päpste haben den Namen Martin gewählt.

Das Martinibrauchtum hat inhaltlich eigentlich nur in der Mantelteilung einen Bezug zu Martin. Die ungeheure Popularität des Heiligen ergibt sich aber aus zweierlei. Zum einen bildete Sankt Martin einen neuen „bischöflichen Prototyp", das Ideal eines Bischofs nach der Zeit der Christenverfolgung: ein asketischer Mönchsbischof, der missionierend und predigend seine Epoche prägte und durch zeichenhafte Wunder aufrüttelte. Zum anderen bekam die Erinnerung an Sankt Martin durch die Terminierung seines Gedenktages einen nicht nachlassenden Schwung: Am Vorabend des Gedenktages, der den Beginn des Adventfastens brachte, konnte man Sommer und Herbst verabschieden und die Ergebnisse der Ernte genießen. Zusätzlich war dieser Termin für den Gesindewechsel und zur Pachtzahlung seit jeher bedeutsam.

Das heutige Martinsfest hat sich aus alter Tradition entwickelt, die sich in einzelnen Gegenden bis gegen 1800 erhalten hat. In dieser Zeit feierte man das Fest zu Hause oder in einer Schenke mit Freunden durch Speis und Trank, wobei man die Martinsminne, den neuen Wein, genoss. In den Pfarrgemeinden zogen Kindergruppen auf Heischegänge. Die Martinsfeuer loderten sogar in den Stadtvierteln. Um 1900 wurde das Martinsbrauchtum neu belebt. Vom Niederrhein und von Düsseldorf ausgehend, wo das Martinsgedächtnis lebendig geblieben war, entstand ein neu akzentuiertes Martinsbrauchtum: Ein gemeinsamer Martinszug von Kindern mit Laternen entwickelte sich. Lieder und Gedichte bezogen sich auf den Heiligen. Festschmaus – Martinsgans oder „Düppekuchen" – und Heischegänge wurden aus alten Tagen übernommen. Die Mantelteilung wurde nachgespielt, ein Martinsfeuer abgebrannt. Der

Nazi-Terror mit seiner Gleichschaltung und der Zweite Weltkrieg brachen diesen Traditionsstrang gewaltsam ab. Doch nach 1945 gab es einen Neubeginn: überpfarrlich, schulübergreifend, stadtteilbezogen wurden nun die Martinszüge organisiert, die – religiös und sozial orientiert – das mitmenschliche Helfen stärker in den Vordergrund rückten. Die individuellen Heischegänge Einzelner wurden teilweise durch das systematische Verschenken von Martinstüten abgelöst. Das Martinsbrauchtum wurde wieder aufgenommen, als wäre es nie unterbrochen gewesen. Bis heute hat sich diese Tradition in weiten Teilen Deutschlands erhalten.

Die romantische und gegen das Christentum gerichtete Annahme des 19. und 20. Jahrhunderts, im Martinibrauchtum seien germanische Brauchtumsformen ungebrochen überliefert („Germanische Kontinuitätsprämisse"), ist heute nicht mehr akzeptabel. Martinsfeuer und Lichterumzüge der Kinder sind eben keine Überbleibsel „germanischer Feiern". Sie nehmen die früher übliche liturgische Lichterprozession des Tages vom „fanum" in das „profanum", von der Kirche in das Dorf und in die Stadt, auf. Religiöses Brauchtum ist die eine Seite einer Münze, deren andere ist die Liturgie. Wenn das Brauchtum von der Liturgie getrennt wird, verkommt es mit der Zeit zur bloßen Folklore.

Das Martinsbrauchtum beinhaltet noch immer die christliche Botschaft: Wer teilt, gewinnt. Wer sich erbarmt, der erbarmt sich Christi. Der praktizierte christliche Glaube ist wie eine Fackel in tiefer Nacht: Es wird hell und warm, Geborgenheit und Gemeinschaftsgeist entstehen. Dass die Menschen diese Botschaft über die Jahrhunderte hin verstanden haben, zeigt der Altar der Schneiderzunft in der Düsseldorfer Altstadtkirche Sankt Lambertus: Oben auf dem hölzernen Rahmen des Altarbildes ist der heilige Martin auf einem Pferde dargestellt, wie er soeben seinen Mantel teilt. Aber kein Bettler ist zu sehen: Die Betrachter selber müssen sich als die Bettler erkennen.

Die Exequien des
heiligen Martin
Wandmalerei in San
Francesco, Assisi,
Unterkirche,
Martinskapelle
Simone Martini, um
1320/25

Legenden und Erzählungen um den heiligen Martin

Martin teilt seinen Mantel

Zur Zeit des heiligen Martin galt ein kaiserliches Edikt, wonach die Söhne von Berufssoldaten zum Kriegsdienst gezogen wurden. Dadurch wurde auch Martin, gegen seinen Willen, mit 15 Jahren zum Militärdienst eingezogen. Noch war Martin nicht getauft; aber in allem verhielt er sich nicht, wie sich sonst Soldaten verhielten: Er war gütig zu seinen Kameraden, wunderbar war seine Nächstenliebe. Seine Geduld und Bescheidenheit überstiegen die der anderen bei weitem. Seine Kameraden verehrten ihn und hielten ihn schon damals eher für einen Mönch als für einen Soldaten. Denn obwohl noch nicht getauft, zeigte er ein Verhalten wie ein Christ: Er stand den Kranken bei, unterstützte die Armen, nährte Hungernde, kleidete Nackte. Von seinem Sold behielt er nur das für sich, was er für das tägliche Leben benötigte.

Eines Tages, als Martin nichts außer Waffen und dem einfachen Soldatenmantel bei sich trug, begegnete er mitten im Winter, der von so außergewöhnlicher Härte war, dass viele erfroren, am Stadttor von Amiens einem nackten Armen. Dieser flehte die Vorbeigehenden um Erbarmen an. Doch alle liefen an dem Elenden vorüber. Da erkannte Martin, von Gott erfüllt, dass der Arme, dem die anderen keine Barmherzigkeit schenkten, für ihn da sei.

Aber was sollte er tun? Außer seinem Soldatenmantel hatte er ja nichts. Also nahm er sein Schwert und teilte den Mantel mitten entzwei. Den einen Teil gab er dem Armen, in den anderen Teil hüllte er sich wieder selbst. Etliche von denen, die das mitbekamen, begannen zu lachen, denn Martin sah mit dem halben Mantel kümmerlich aus. Viele jedoch, die mehr Einsicht hatten, bedauerten sehr, dass sie nicht selbst geholfen hatten, zumal sie viel wohlhabender als Martin waren und den Armen hätten bekleiden können, ohne sich selbst eine Blöße zu geben.

In der folgenden Nacht, als Martin in tiefem Schlaf lag, sah er

Das Mittelalter besaß in der „Legenda aurea", der Goldenen Legende, eine Sammlung von Abhandlungen zu Kirchenfesten und Heiligenlegenden. Sie war schon früh weit verbreitet und ist bis ins 20. Jahrhundert immer wieder aufgelegt worden. Verfasser war der Dominikaner Jacobus de Voragine (*1228/29, †1298), später Erzbischof von Genua. In seinem (wahrscheinlich zwischen 1263 und 1267) zuerst lateinisch abgefassten Werk hat er alle ihm bekannten Legenden, darunter auch solche über Bischof Martin von Tours, zusammengetragen. Seiner Sammlung sind die auf den folgenden Seiten wiedergegebenen Erzählungen und Geschichten um Martinus im Wesentlichen entnommen.

Christus mit seinem halben Soldatenmantel bekleidet, den er dem Armen gegeben hatte. Ihm wurde befohlen, er solle sehr aufmerksam den Herrn und das Kleidungsstück, das er verschenkt habe, ansehen. Dann hörte Martin Jesus mit lauter Stimme zu der umstehenden Engelschar sprechen: „Martin, der noch Katechumene (Taufbewerber) ist, hat mich mit diesem Mantel bekleidet." Jesus dachte dabei tatsächlich an seine eigenen Worte, die er einst gesprochen hatte: „Was immer ihr einem Geringsten getan habt, das habt ihr mir getan" (Matthäus 25, 40). So bekannte Christus, dass er in dem Armen von Martin bekleidet worden war. Um den Wert eines so guten Werkes zu bestätigen, zeigte er sich in ebendiesem Mantel. Dieses Traumgesicht verführte Martin aber keineswegs zu menschlicher Ruhmsucht. Er erkannte in seiner Tat vielmehr die Güte Gottes. Und als er 18 Jahre alt war, ließ er sich taufen.

Martin erweckt Tote

Als Martin getauft, aber noch nicht Bischof war, lebte er einige Zeit in einer von ihm bei Poitiers gegründeten Einsiedelei, um sich beim heiligen Hilarius von Poitiers zu vervollkommnen. In dieser Zeit schloss sich ihm ein Katechumene an, der sich in der Lebensweise Martins unterweisen lassen wollte. Schon nach wenigen Tagen wurde er jedoch schwer krank. Ihn plagte heftig schweres Fieber. Martin aber war gerade abwesend. Als er nach drei Tagen wiederkam, fand er den entseelten Körper. Der Tod war so plötzlich gekommen, dass der Katechumene ohne Taufe gestorben war. Die bekümmerte Schar der Brüder umgab den aufgebahrten Leichnam. Unter Tränen und Seufzen kam Martin hinzu. Er fühlte sich innerlich vom Heiligen Geist erfüllt. Er wies die Brüder aus der Zelle, in der der Tote lag, verriegelte die Tür und legte sich über den toten Leib des verstorbenen Bruders. Eine Zeitlang betete er und fühlte dann, dass der Geist ihm eine besondere Kraft des Herrn mitteilte. Dann rich-

Christus erscheint dem
Heiligen im Traum
Wandmalerei in San
Francesco, Assisi,
Unterkirche,
Martinskapelle
Simone Martini, um
1320/25

tete er sich ein wenig auf, blickte den Toten unverwandt an und wartete voll Zuversicht auf die Frucht seines Gebetes und der göttlichen
Barmherzigkeit.

Kaum waren zwei Stunden vergangen, da sah er, wie der Tote nach
und nach alle Glieder bewegte; die Augen öffneten sich und begannen blinzelnd zu sehen. Mit lauter Stimme wandte sich der Bruder
an den Herrn. Seine starken Dankesworte erfüllten die ganze Zelle.
Als die vor der Zelle Stehenden dies vernahmen, kamen sie schnell
herein. Ihnen bot sich ein wunderbares Schauspiel: Sie sahen den
leben, den sie tot verlassen hatten. Auf diese Weise dem Leben
zurückgegeben, empfing der Bruder sogleich die Taufe. Er lebte noch
viele Jahre und war der Erste, der von Martins Wunderkraft Zeugnis
geben konnte.

Dieser Bruder erzählte davon, dass er nach seinem Sterben vor den
göttlichen Richterstuhl geführt worden sei. Dort habe er einen
furchtbaren Urteilsspruch vernommen, der ihn an den Ort der
Finsternis zu den Verdammten verwies. Plötzlich sei dem Richter
von zwei Engeln bedeutet worden, er sei jener Mann, für den Martin
bete. Da wurde den beiden Engeln aufgetragen, ihn dem fürbitten-
den Martin wiederzuschenken und dem früheren Leben zurückzu-
geben. Von da an war Martin nicht nur als Heiliger, sondern auch als
Wundertäter berühmt.

Nicht sehr viel später kam Martin an dem Landgut eines angesehe-
nen Mannes namens Lupizinus vorüber. Martin vernahm das laute
Schreien und Klagen einer trauernden Menge. Er näherte sich und
fragte nach dem Anlass des Klagens. Man erklärte ihm, einer der
Knechte habe sein Leben mit dem Strick beendet. Nach dieser
Auskunft ging er in die Kammer, in der der Tote lag, und schickte die
Leute hinaus. Er legte sich über die Leiche und betete. Bald nahm
das Gesicht des Toten wieder Farbe an. Er richtete die noch müden
Augen auf Martins Gesicht und versuchte sich langsam aufzurich-
ten. Dann fasste er die Rechte Martins und stellte sich auf die Füße.

Er ging mit Martin bis zur Eingangshalle des
Hauses, wo ihn alle Leute sahen.

Martin wird Bischof von Tours

In jener Zeit (um 371/372) berief man Martin
auf den Bischofsstuhl von Tours. Martin aber
wollte sich seinem Kloster nicht entreißen lassen. Da warf sich ein Bürger mit dem Namen
Rusticus Martin zu Füßen und gab vor, seine Frau sei krank und
Martin müsse mitkommen, denn nur er könne ihr das Leben erhalten. Damit wollte Rusticus erreichen, dass der Heilige mitkam.
Die Bürger von Tours hatten sich schon entlang des Weges aufgestellt, und wie unter Bewachung geleiteten sie Martin in die Stadt.
Wunderbarerweise hatte sich nicht nur eine unglaubliche Menge aus
der Stadt, sondern auch aus den Nachbarstädten zur Bischofswahl
eingefunden. Alle hatten nur einen Wunsch, eine Stimme und eine
Meinung: Martin sei der Würdigste für das Bischofsamt, mit einem
solchen Bischof sei die Kirche wirklich glücklich zu schätzen.
Allerdings widersprachen dem gewissenlos eine kleine Zahl der
Leute und etliche unter den Bischöfen, die zur Einsetzung des
Bischofs herbeigerufen worden waren. Sie behaupteten, Martin sei
ein verachtenswerter Mensch: Einer von so kümmerlichem
Aussehen, mit schmutzigem Kleid und ungepflegten Haaren sei
unwürdig, Bischof zu werden. Das Volk aber war klügeren Sinnes
und hielt diese Meinung für lächerliche Torheit. Die Bischöfe wollten einen berühmten Mann verachten und verkündeten doch dabei
sein Lob. Die Wahlversammlung konnte nichts anderes tun, als was
das überwiegende Volk mit Gottes Willen forderte.
Martin – so erzählt eine jüngere Legende – hatte sich während der
Diskussionen entfernt und suchte sich vor der Menge zu verbergen,
um der Bischofsernennung zu entgehen. Da er keinen geeigneteren

Der Zug der Märtyrer und
Bekenner, an deren Spitze
der heilige Martin
(Ausschnitt)
S. Apollinare Nuovo,
Ravenna

Ort fand, suchte er schließlich in einem Gänsestall Zuflucht. Als die
Menge ihn suchte, fand sie ihn in diesem Stall, weil die Gänse durch
lautes Geschrei auf den heiligen Mann aufmerksam machten. So hat
also Martin das Bischofsamt übernommen.

Die Legende von der abergläubischen Verehrung eines falschen Heiligen

Als Bischof wohnte Martin zunächst in einer Mönchszelle, die an die
Bischofskirche in Tours angebaut worden war. Wegen der durch die
vielen Besucher verursachten Unruhe erbaute er aber bald etwa zwei
Meilen außerhalb der Stadt ein Kloster für sich. Nahe bei diesem
Kloster lag ein Ort, den die irrige Volksmeinung für heilig hielt, weil
dort ein Märtyrer bestattet sei. Es stand sogar ein Altar an diesem
Ort, der angeblich von einem früheren Bischof aufgestellt worden
war. Martin aber wollte nicht einer unbewiesenen Behauptung
Glauben schenken. Er forschte deshalb bei den ältesten Priestern
nach dem Namen des Märtyrers und dem Zeitpunkt seines
Martyriums. Er hatte nämlich Bedenken, da die Überlieferung
nichts Sicheres darüber aussagte.
Eine Zeitlang mied er die Stätte deshalb. Einerseits trat er so der
Frömmigkeit nicht entgegen, weil er nichts Sicheres wusste.
Andererseits stimmte er mit seinem Ansehen nicht einfach der allgemeinen Meinung zu, um den Aberglauben nicht noch weiter zu
verbreiten. Eines Tages aber nahm er einige Brüder mit sich und zog
dorthin. Er stellte sich vor dem Grab auf und flehte zum Herrn, ihm
zu offenbaren, wer dort begraben sei und welche Verdienste er besit-
ze. Da wandte Martin sich nach links und sah neben sich einen
schmutzigen, grimmigen Schatten stehen. Er befahl ihm, seinen
Namen und sein Verdienst zu nennen. Dieser gab seinen Namen an
und gestand sein Verbrechen: Er sei ein Räuber gewesen und wegen
seiner Verbrechen hingerichtet worden; er werde auf Grund eines

Irrtums der Bevölkerung verehrt. Er habe mit den Märtyrern nichts zu tun. Diese hielten sich in der Herrlichkeit auf, er aber am Strafort. Die Umstehenden hörten nur die Stimme, sahen aber niemanden. Da erklärte ihnen Martin, was er gesehen hatte. Er trug ihnen auf, den Altar von seinem bisherigen Platz zu entfernen. Die Bevölkerung aber befreite er auf diese Weise von ihrem Irrglauben.

Martin fällt einen angeblich heiligen Baum

Als Martin einmal in einer Siedlung einen alten Heidentempel zerstörte und eine benachbarte Kiefer umhauen wollte, kamen die Heiden und wollten ihn daran hindern. Durch Gottes Willen hatten sie sich still verhalten, als der Tempel eingerissen wurde. Sie wollten aber nicht dulden, dass auch der Baum gefällt werde. Mit großem Eifer versuchte ihnen Martin zu erklären, dass in einem Baum nichts Heiliges sein könne. Sie sollten doch lieber dem Gott folgen, dem er selber diene. Weil der Baum einem Dämon geweiht sei, müsse er umgehauen werden.

Da trat ein besonders Verwegener vor und sprach: „Wenn du Vertrauen zu dem Gott hast, den du zu verehren vorgibst, dann wollen wir selbst den Baum fällen. Du aber sollst ihn in seinem Fall aufhalten. Wenn dann dein Gott wirklich mit dir ist, wirst du dem Urteil entkommen." Martin zweifelte nicht an Gott und war bereit, auf den Vorschlag einzugehen. Alle Heiden stimmten dieser Abmachung zu. Ihren Baum würden sie gern fällen, wenn sie durch den fallenden Baum zugleich den Feind ihrer Heiligtümer erledigen konnten.

Die Kiefer stand nach einer Seite geneigt. Es bestand gar kein Zweifel, nach welcher Seite sie fallen würde. Ausgelassen und voll Freude machten sich die Heiden daran, ihre Kiefer zu fällen. Dabei stand eine große Schar Schaulustiger. Da begann sich die Kiefer zu neigen und drohte zu stürzen. Ziemlich entfernt standen zitternd

Der heilige Martin lässt einen als Göttersitz geltenden Baum fällen
Mittleres Deckenfresko im Langhaus von St. Martin, Sachsenried bei Schongau
Franz Anton Zeiller, 1758

27

die Mönche. Sie waren wegen der drohenden Gefahr entsetzt und hatten alle Hoffnung aufgegeben. Sie erwarteten nur noch Martins Tod. Doch der vertraute auf den Herrn und wartete ohne Angst. Schon ächzte die Kiefer im Fallen, schon neigte sie sich, schon stürzte sie auf ihn: Da streckte Martin seine Hand gegen sie aus und zeichnete das Zeichen des Heils gegen sie. Dann, wie wenn ein Wirbelwind den Baum umgedreht hätte, fiel er nach der entgegengesetzten Seite. Fast hätte er das wilde Volk, das sich dort sicher fühlte, erschlagen.

Nun erhob sich ein Geschrei zum Himmel. Die Heiden staunten über das Wunder. Die Mönche weinten vor Freude. Von allen gemeinsam wurde der Name Christi gepriesen. Ganz sicher ist an diesem Tag auch in diese Gegend das Heil gekommen. Fast keinen in der großen Heidenschar gab es, der nicht um die Handauflegung bat, den heidnischen Irrtum aufgab und an den Herrn Jesus glaubte.

Martin heilt Kranke

Martin besaß die Gabe der Krankenheilung in einem solchen Ausmaß, dass kaum ein Kranker zu ihm kam, der nicht augenblicklich die Gesundheit wieder gefunden hätte. Die antiken lateinischen Lebensbeschreibungen des Heiligen enthalten dazu viele Erzählungen. 385 oder 386 hielt sich Martin in Trier auf. Dort litt ein Mädchen an sehr schwerer Lähmung. Ihr Körper versagte schon seit langer Zeit jeglichen Dienst. Eigentlich war schon der ganze Leib des Mädchens tot; es war nur noch ein schwacher Lebenshauch in ihr. Schon standen die Verwandten voll Trauer bei der Sterbenden und warteten auf das Begräbnis. Plötzlich ging wie ein Lauffeuer durch die Stadt die Botschaft, Bischof Martin sei gekommen. Als der Vater des Mädchens davon hörte, lief er atemlos, um

für seine Tochter zu bitten. Doch Martin hatte gerade die Kirche
betreten. Vor allen Anwesenden und den versammelten Bischöfen
umschlang der Mann weinend Martins Knie und sagte: „Meine
Tochter stirbt an einer schrecklichen Krankheit. Aber noch viel grau-
samer als der Tod selber ist, dass sie schon jetzt nur noch im Geist
lebt, weil ihr Fleisch schon fast tot ist. Ich bitte dich darum, dass du
zu ihr gehst und sie segnest. Ich vertraue darauf, dass ihr durch dich
die Gesundheit zurückgeschenkt werden kann." Martin war durch
diese Rede verwirrt und entsetzt und versuchte zu fliehen. Er sagte,
solches gehe über seine Kraft. Der alte Mann habe eine völlig falsche
Meinung von ihm. Es sei ausgeschlossen, dass Gott durch ihn
Zeichen seiner Wundermacht wirke. Aber der Vater ließ sich nicht
abweisen, weinte heftig und flehte, die Sterbende doch aufzusu-
chen. Schließlich drängten auch die anwesenden Bischöfe Martin, zu
der Tochter des Bittstellers zu gehen. Da ging er endlich zu dem
Haus des Mädchens.
Vor der Tür stand eine große Menge und wartete, was Martin tun
werde. Zuerst warf sich Martin zu Boden und betete. In solchen
Fällen waren dies seine gewöhnlichen Waffen. Dann schaute er die
Kranke an und ließ sich Öl geben, segnete es und goss den wunder-
kräftigen heiligen Trank in den Mund des Mädchens. Diese erhielt
sofort wieder ihre Stimme zurück. Nach der Berührung durch
Martin belebten sich auch die einzelnen Glieder wieder, bis sie
schließlich auf festen Füssen vor das Volk treten konnte, das die
Heilung bezeugte.

In Paris geschah es, als Martin mit zahlreichen Begleitern durch das
Stadttor zog, dass er einen Aussätzigen mit schrecklich entstelltem,
Schrecken erregendem Gesicht küsste und segnete. Auf der Stelle
war jener von aller Unreinheit befreit. Am anderen Tag kam jener
mit glänzend weißer Hautfarbe zur Kirche, um für die wiedererhal-
tene Gesundheit zu danken.

Martin und der Kaiser

In Trier residierte zu Lebzeiten des heiligen Martin Kaiser Maximus, der 383 von seinen Truppen in Britannien zum Kaiser erhoben worden war und von Trier aus das römische Westreich bis zu seinem späteren Sturz 388 regierte. Während andere Bischöfe durch Schmeichelei bei Hofe ihre Ziele verfolgten, vermied Martin ein Zusammentreffen mit dem Usurpator. Martin wollte nicht am Tisch dessen sitzen, der einen Kaiser um sein Reich und einen anderen um sein Leben gebracht hatte.

Als aber aus den verschiedenen Teilen der Welt Bischöfe zum Kaiser gekommen waren, um durch üble Kriecherei die Verurteilung des der Ketzerei angeklagten Spaniers Priscillian zu erreichen, weil sich diese Bischöfe nicht scheuten, ihre bischöfliche Würde geringer zu schätzen als die kaiserliche Gunst, überwand Martin seine Bedenken gegen den Kaiser und folgte einer Einladung zu einem kaiserlichen Mahl. Wie bei einem Festtag kamen die höchsten und angesehensten Männer zusammen. Mitten unter ihnen saß der Priester, der Martin begleitete, während Martin selbst neben dem Kaiser saß. Etwa nach dem halben Mahle reichte ein Diener dem Herrscher die Trinkschale, so wie es üblich war. Doch dieser befahl, die Trinkschale erst Bischof Martin zu reichen. Er erhoffte sich dadurch, die Trinkschale aus der Hand Martins zu erhalten. Als Martin getrunken hatte, gab er aber die Schale an seinen priesterlichen Mitbruder weiter. Der Bischof meinte nämlich, niemand sei würdiger, als Erster nach ihm zu trinken; es sei Unrecht, den Herrscher oder einen aus seiner Umgebung dem Priester vorzuziehen.

Der Kaiser und alle Anwesenden wunderten sich darüber so sehr, dass ihnen die Zurücksetzung sogar gefiel. Im ganzen Palast wurde Martin gerühmt, weil er am Tisch des Kaisers getan hatte, was am Tisch niederer Beamter kein Bischof zu tun gewagt hätte.

Martin und die Martinsfischer

Eines Tages sah der heilige Martin einen hässlichen, schmutzig-schwarzen Vogel, der fischte. Er rief ihn an und der Vogel kam sogleich herbeigeflogen. „Bravo", sagte der Heilige, „du sollst für deinen Gehorsam belohnt werden!" Dann verwandelte er ihn in einen der schönsten Vögel, mit azurblauem Mantel und purpurrotem Kehlchen. „Ich will dir sogar meinen Namen geben", fügte Martin hinzu. „Du sollst Martinsfischer heißen und darfst in allen Bächen und Flüssen Fische fangen." Seit jenen Tagen fischt der Eisvogel überall ungehindert.

Das Gleichnis vom frisch geschorenen Schaf

Einmal fiel der Blick des heiligen Martin auf ein frisch geschorenes Schaf. Da sagte er: „Dieses Tier hat die Vorschrift des Evangeliums erfüllt. Zwei Kleider hat das Schaf; eines schenkte es dem, der keines hatte. So sollt auch ihr handeln."

La charité de Saint Martin
Buchmalerei aus dem
Stundenbuch von Etienne
Chevalier
Jean Fouquet (1420–1481)
Louvre, Paris

Der grausame Richter und der Diener Gottes

Claudius Avitianus war beauftragt, Gallien zu inspizieren, und hatte zu diesem Zweck außerordentliche richterliche Vollmachten erhalten. Seine Grausamkeit, sein maßloser Zorn versetzten die Bewohner der Provinz in Furcht und Schrecken. Als er in die Stadt Turonum einzog, folgten ihm zahlreiche Gefangene, die mit Ketten gefesselt waren und sehr elend aussahen. Avitianus ließ für die Gefangenen Marterwerkzeuge bereitstellen. Er setzte die Bestrafung auf den folgenden Tag fest.

Davon hörte Martinus, der noch in der gleichen Nacht zum Palast des Richters eilte. Dort schlief schon alles; die Tore waren fest verriegelt. Martinus warf sich vor der Schwelle nieder, mit dem Gesicht

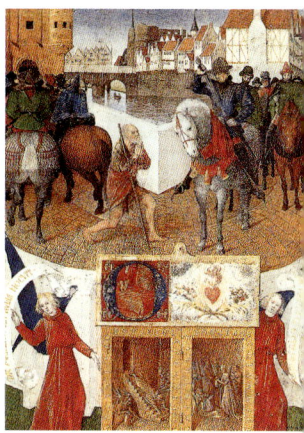

zur Erde. Während er betete, weckte ein Engel den Richter und sagte zu ihm: „Wie kannst du schlafen, wenn ein Diener Gottes vor deiner Schwelle liegt?" Verwirrt sprang Avitianus aus dem Bett, rief seine Diener und erklärte ihnen zitternd, Martinus warte vor der Tür, sie sollten ihn hereinbitten. Aber die Diener lachten über ihren Herrn und glaubten, er habe sich durch einen Traum täuschen lassen. Deshalb sahen sie nur flüchtig nach. „Es ist niemand da", sagten sie zu Avitianus. „In einer kalten und unfreundlichen Nacht wie dieser hält sich kein Mensch draußen auf."

Der Richter war beruhigt und fiel wieder in den Schlaf. Aber bald wurde er noch heftiger geweckt. Er wollte seine Diener ein zweites Mal hinausschicken. Als sie zögerten, ging er selbst bis zum äußersten Tor, wo er Martinus traf. „Herr, warum hast du mir das angetan?" fragte er. „Ich kann keine Ruhe mehr finden. Geh rasch fort, denn ich habe genug gebüßt." Weil der Heilige noch immer wartete, fügte er hinzu: „Ich weiß, was du verlangst, und werde alles nach deinem Wunsch erfüllen."

Am nächsten Morgen rief Avitianus seine Schergen. Er befahl, den Gefangenen die Ketten abzunehmen. Dann verließ er die Stadt, in der Freude und Jubel herrschten.

Die Heiligen Severus und Ambrosius erleben Martins Tod

Sankt Severus, Erzbischof von Köln, umging des Sonntags nach der Frühmette die heiligen Stätten wie es seine Gewohnheit war. Da hörte er um dieselbe Stunde, als der heilige Martin verschieden war, die Engel im Himmel singen. Er rief seinen Archidiakon und fragte ihn, ob er etwas höre. Der sprach, er höre nichts. Da mahnte ihn der Erzbischof, er solle mit Fleiß hören; also streckte jener den Hals in die Höhe, reckte die Ohren und stand auf den Fußspitzen, auf seinen Stab gestützt. Und weil der Erzbischof für ihn betete, sprach er,

Die Vision des heiligen
Ambrosius
Wandmalerei in San
Francesco, Assisi,
Unterkirche, Martinskapelle
Simone Martini,
um 1320/25

dass er etliche Stimmen im Himmel höre. Da sprach der Bischof: „Mein Herr Martinus ist von dieser Welt geschieden, und die Engel tragen seine Seele gen Himmel." Es waren auch Teufel da, die wollten ihn zurückhalten, aber da sie nichts an ihm fanden, was ihnen zugehörte, mussten sie beschämt weichen. Der Archidiakon aber merkte sich Tag und Stunde und erfuhr später, dass Martinus um diese Zeit gestorben war.

Am selben Tag geschah es auch, dass Sankt Ambrosius, Bischof von Mailand, als er die Messe las, über dem Altar zwischen den Propheten und der Epistel einschlief. Da wagte ihn niemand zu wecken, und der Subdiakon traute sich ohne sein Gebot nicht die Epistel zu lesen. Als aber zwei oder drei Stunden vergangen waren, weckte sie ihn doch und sprachen: „Schon ist die Stunde vorüber und das Volk ist müde und wartet. So möge unser Herr gebieten, dass der Kleriker die Epistel lese." Da antwortete Ambrosius: „Lasst euch nicht betrüben, aber wisset, mein Bruder Martinus ist gestorben, und ich bin bei seinem Begräbnis gewesen und habe es mit Feier begangen. Weil ihr mich geweckt habt, konnte ich die letzte Respons nicht vollbringen." Da merkten sie sich den Tag und die Stunde, und fanden, dass Sankt Martin um diese Zeit in den Himmel gefahren sei.

Der Blinde und der Lahme

Zur Zeit der Beisetzung des heiligen Martin gab es zwei Spießgesellen, der eine blind, der andere lahm. Der Blinde trug den Lahmen auf dem Rücken, und der Lahme wies dem Blinden den Weg. Sie bettelten miteinander und verdienten gutes Geld. Da hörten sie erzählen, dass bei Sankt Martins Leichnam viele Kranke gesund geworden seien. Und weil sein Leib am Tag seiner Überführung in Prozession um die Kirche getragen wurde, waren sie bange, der Leib würde bei dem Haus vorübergetragen werden, in dem sie

wohnten und sie würden plötzlich geheilt werden. Sie aber wollten nicht geheilt werden, damit sie nicht die Ursache ihres Gewinn bringenden Einkommens verlören. Darum flohen sie aus der Straße und gingen in eine andere Gasse, durch die der Leichnam, wie sie glaubten, nicht getragen würde. Aber als sie flohen, begegneten sie dem Leichenzug unversehens. Und weil Gott den Menschen manche Wohltat wider ihren Willen tut, wurden sie beide gegen ihren Willen gesund und waren doch darüber betrübt.

Die Goldene Legende – „Legenda aurea"

Der heilige Martin zu Pferd
Buchmalerei in einem Stundenbuch,
Paris, um 1500
Jean Pichore zugeschrieben

Nach den vorangegangenen einzelnen Martinus-Geschichten wollen wir mit einigen weiteren Auszügen aus der „Legenda aurea" – in einer Fassung aus dem 14. Jahrhundert – das Bild des Heiligen, wie es uns aus Legenden und volkstümlichen Erzählungen entgegentritt, abrunden.

Der lateinische Name „Martinus" kann verstanden werden als „Martem trenens", das ist einer, der einen Krieg führt wider die Sünden und Laster. Oder es bedeutet soviel wie „martirum unus", einer der Märtyrer; denn er war ein willensstarker Märtyrer in der Ertötung seines Fleisches. Oder „Martinus" wird übersetzt: der da reizt, oder der herausfordert, oder der regiert. Denn durch das Verdienst seiner Heiligkeit reizte er den Teufel zum Neid, er forderte Gott heraus zur Barmherzigkeit und herrschte über sein Fleisch durch immerwährende Abtötung. Denn über das Fleisch muss die Vernunft oder der Geist herrschen als ein Herr über den Knecht oder als ein Vater über den Sohn oder als ein Alter über einen vor-

Das Feuerwunder
Wandmalerei in San
Francesco, Assisi,
Unterkirche,
Martinskapelle
Simone Martini, um
1320/25

witzigen Jungen; das schreibt Dionysius im Brief an Demophilus. Martins Leben hat uns Severus mit dem Beinamen Sulpicius beschrieben, ein Schüler des heiligen Martin.

In dem ebenfalls von Sulpicius Severus verfassten „Dialogus" zwischen Gallus (einem Schüler des heiligen Martin) und Postumianus (einem Bewunderer der Mönche von Ägypten) ist vieles ergänzt worden, was Severus in der Lebensbeschreibung des Heiligen weggelassen hat. Dort liest man auch, dass der Heilige einst den Kaiser Valentinian um eine wichtige Sache angehen wollte. Der Kaiser, der wusste, dass Martin ihn um etwas bitten wollte, das er ihm nicht geben wollte, ließ die Tore des Palasts vor ihm schließen. Als der heilige Martin das zum zweiten und dritten Male erleiden musste, zog er ein härenes Gewand an, streute Asche auf sein Haupt, und kasteite sich eine Woche lang – er nahm weder Speise noch Trank zu sich. Dann ging er auf des Engels Geheiß wieder zum Palast und kam bis vor den Kaiser, und es hinderte ihn niemand. Als der Kaiser ihn kommen sah, wurde er zornig, dass man ihn eingelassen hatte, und wollte nicht vor ihm aufstehen. Da ergriff plötzlich Feuer den königlichen Thron und brannte den Kaiser an seinem hinteren Teil, dass er voll Zorn aufstehen musste. So bekannte er, dass er Gottes Macht gespürt hatte. Er umarmte den Heiligen und bewilligte ihm alles, noch ehe er darum bat, und bot ihm große Gaben; die wollte der heilige Martin aber nicht annehmen.

In demselben „Dialogus" liest man auch, wie er (nach dem Katechumenen und dem Lupizinus) den dritten Toten erweckte. Ein Jüngling war gestorben, und dessen Mutter bat den heiligen Martin unter Tränen, er möge ihn wieder lebendig machen. Da fiel Martin mitten auf dem Feld, wo eine unzählbare Schar von Heiden zugegen war, auf seine Knie, und der Jüngling stand auf vor aller Augen. Dadurch wurden die Heiden alle zum Glauben bekehrt.

Es gehorchten dem heiligen Mann auch die fühllosen Dinge, die Pflanzen und die unvernünftigen Kreaturen. Zunächst die Dinge,

Mantelteilung und Traum
des heiligen Martin
Buchmalerei,
Albani-Psalter
Dombibliothek Hildesheim

die kein Fühlen haben, wie Feuer und Wasser; denn als er einst Feuer an einen Tempel gelegt hatte, trug der Wind die Flamme auf das nächste Haus, das bei dem Tempel stand. Da stieg Martin auf das Dach des Hauses und stellte sich den Flammen entgegen. Sofort kehrte die Flamme sich gegen die Gewalt des Windes um, sodass es anzusehen war, als stritten die Elemente gegeneinander. Man liest in dem besagten Dialog auch, dass ein Schiff in großer Not war. Als ein Kaufmann, der noch kein Christ war, rief: „Du Gott, heiliger Martin, komm uns zu Hilfe!", trat Windstille ein.

Martin gehorchten auch die Pflanzen. Als er an einer Stätte eines zerstörten uralten Tempels eine Tanne ausreißen wollte, die dem Teufel geweiht war, widerstanden ihm die Heiden und Bauern. Einer von ihnen sprach: „Hast du Vertrauen zu deinem Gott, so wollen wir diesen Baum umhauen, und du sollst ihn auffangen. Ist dein Gott mit dir, wie du sagst, so wirst du davonkommen." Er willigte ein, und sie hieben den Baum um. Der neigte sich gegen Martin, der angebunden dastand. Martin machte gegen den Baum das Kreuzeszeichen, und der Baum kehrte sich sofort nach der anderen Seite um und erschlug beinahe die Bauern, die an einem sicheren Orte standen. Als diese das Wunder sahen, wurden sie bekehrt.

Zum dritten gehorchten ihm auch die unvernünftigen Tiere. Als er einmal sah, wie Hunde ein Häschen jagten, da befahl er ihnen, die Verfolgung des Tieres aufzugeben. Da blieben sie stehen, als wären sie gefesselt.

Es wollte einmal eine Schlange über einen Fluss schwimmen. Da sprach Martin zu ihr: „Ich gebiete dir im Namen des Herrn, kehr um." Sie wandte sich auf das Wort des Heiligen und schwamm wieder an das andere Ufer. Da seufzte Martin und sprach: „Die Schlangen hören mich, aber die Menschen hören mich nicht."

Ein Hund bellte einen von Martins Jüngern an. Da wandte der Jünger sich um und sprach: „Im Namen des heiligen Martin befehle ich dir, dass du schweigst." Da schwieg der Hund, als sei ihm die Zunge abgeschnitten.

Der heilige Martin war von großer Demut. Als er zu Paris einem Aussätzigen begegnete, vor dem den anderen allen grauste, küsste er ihn und gab ihm seinen Segen. Davon wurde dieser Mensch zur Stunde rein und gesund. War Martin in der Kirche, so saß er nie auf dem bischöflichen Stuhl. Denn er saß immer auf einem kleinen Bauernstuhl, den man Dreifuß nennt.

Er war von großer Würde, denn er wurde apostelgleich genannt, weil auf ihm die Gnade des Heiligen Geistes ruhte wie auf den Aposteln selbst. Darum besuchten ihn auch die Apostel als ihren Gesellen. In dem genannten „Dialogus" lesen wir, dass Martin einst allein in seiner Zelle saß, seine Jünger Severus und Gallus aber vor der Tür warteten. Da fuhr unversehens ein großer Schrecken in sie, denn sie hörten etliche Menschen in der Zelle miteinander reden. Als sie nachher den heiligen Martin danach fragten, antwortete er ihnen: „Ich will es euch sagen, aber ich bitte euch, dass ihr es niemandem weitererzählt. Bei mir waren die heilige Agnes, die heilige Thekla und die Jungfrau Maria." Und er erzählte, dass sie nicht allein an diesem Tage, sondern oft zu ihm kämen; oft sehe er auch Petrus und Paulus, die Apostel.

Er war von großer Gerechtigkeit. Als er einst zu Kaiser Maximus geladen war und ihm zuerst der Becher geboten wurde, meinten alle, er werde den Becher zuerst dem Kaiser weiterreichen. Er aber gab ihn seinem Presbyter. Er hielt keinen für würdiger, nach ihm zu trinken. Er hätte es für falsch gehalten, den Kaiser oder dessen Freunde dem Presbyter vorzuziehen.

Er war von großer Geduld, und er blieb in allen Dingen so geduldig, dass er sich von seinen Klerikern oftmals beleidigen ließ und sie doch nicht strafte, obwohl er der oberste Bischof war. Er schloss sie darum auch nicht von seiner Liebe aus. Niemand sah ihn je zürnen oder trauern oder lachen; nichts anderes war je in seinem Mund als Christus. In seinem Herzen war nichts anderes als Milde, Frieden und Erbarmen. Man liest in dem genannten „Dialogus", dass Martin einmal in einem wilden Gewand auf seinem Esel dahinritt. Sein schwarzer Mantel wehte um ihn. Davor scheuten die Rosse etlicher Reiter, die ihm begegneten. Sie fielen den heiligen Martin an und schlugen ihn hart. Er aber blieb stumm und bot ihnen geduldig den Rücken. Darauf wüteten sie noch grimmiger gegen ihn, denn sie dachten, er spüre die Schläge nicht und achte sie gering. Aber bald standen ihre Pferde fest auf dem Boden, und so sehr man sie schlug, so brachte man sie doch nicht von der Stelle, als wären sie Felsenblöcke. Zuletzt kamen die Reiter wieder zu dem Heiligen und bekannten die Sünde, die sie unwissend gegen ihn getan hatten. Da sprach er sie los, und ihre Rosse liefen wieder dahin in schnellem Lauf.

Fleißig war er in seinem Gebet. Wir lesen in seiner Legende, dass er keine Stunde oder Augenblick hingehen ließ ohne Gebet oder Lesung. Und wenn er las oder arbeitete, so ließ er doch seine Gedanken nicht vom Gebet, sondern so wie die Schmiede allzeit auf den Amboss schlagen, dass die Arbeit besser von der Hand geht, so betete Martinus allzeit, wenn er etwas unternahm.

Er war streng gegen sich selber. Darüber schreibt Severus in einem Brief an Eusebius: Als Martin in eine Stadt seines Bistums kam, da hatten die Kleriker ihm ein weiches Bett mit viel Stroh bereitet. Als er sich niederlegte, entsetzte er sich über das weiche Bett, das er nicht gewohnt war. Er pflegte auf einem härenen Sack auf nacktem Boden zu schlafen. So wollte er es auch jetzt halten und warf das Stroh hinaus und legte sich auf die bloße Erde. Um Mitternacht aber fing das Stroh Feuer. Als Martin aufwachte, wollte er hinausgehen, konnte es aber nicht. Er wurde vom Feuer ergriffen, alle seine Kleider fingen Feuer. Da erinnerte er sich an die gewohnte Zuflucht zum Gebet und machte das Kreuzeszeichen. Plötzlich stand er unversehrt mitten in dem Feuer, dessen Hitze er vorher übel gespürt hatte, und fühlte das Feuer nicht anders als einen kühlen Tau. Da erst wurden die Mönche wach und liefen hinzu. Sie meinten nicht anders, als dass Martin verbrannt wäre. Sie fanden ihn aber unversehrt mitten in den Flammen und führten ihn heraus.

Der heilige Martin war von großer Barmherzigkeit gegenüber den Sündern. Er nahm alle an sein Herz, die Buße tun wollten. Einst strafte der Teufel deshalb Martin, weil er die zur Buße annahm, die gesündigt hatten. Da antwortete er ihm: „Du Elender, wenn du die Menschen nicht in Versuchung führtest und Reue empfändest wegen deiner Sünden, würde ich dir, im Vertrauen auf Gott, die Barmherzigkeit Christi versprechen."

Auch gegen die Armen war Martin von großer Milde. In dem genannten Buch heißt es dazu, dass er einst an einem Fest zur Kirche ging. Ein Armer ging ihm nach, der war nackt. Martin gebot seinem Archidiakon, er solle den Dürftigen kleiden. Und da der es nicht schnell genug tat, ging Martinus selber in die Sakristei und gab ihm seinen Rock und ließ ihn gehen. Nun mahnte der Archidiakon Martin, er solle die Messe feiern. Da antwortete der heilige Martin, er könne nicht gehen, ehe der Arme einen Rock habe. Er meinte damit sich selber. Der Archidiakon sah ihn äußerlich mit seiner Kutte bekleidet und wusste nicht, dass er darunter nackt war. Darum antwortete er, es sei doch kein Armer da. Martin gab zu Antwort: „Man bringe mir einen Rock, und kein Armer wird mehr eines Gewandes bedürfen." Damit zwang er den Archidiakon, auf den Markt zu gehen, um ein armseliges kurzes Gewand um fünf Silberlinge zu kaufen. Das nennt man Paenula, und das bedeutet „paene nulla", soviel wie „Kleines". Das nahm der Archidiakon und warf es dem heiligen Martin zornig vor die

Füße. Der Heilige ging in einen Zimmerwinkel und zog den Rock an. Da gingen ihm die Ärmel bis an die Ellbogen, und unten ging ihm der Rock bis an die Knie. So ging er, Messe zu feiern. Während er die Messe las, erschien eine feurige Kugel über seinem Haupt, die wurde von vielen gesehen. Davon hieß es, dass er den Aposteln gleich sei. Über dieses Wunder schreibt Meister Johannes Beleth: „Da er bei der

Der heilige Martin und der
Bettler (Ausschnitt)
Altartafel, Ungarischer
Meister, um 1490

Messe, als es Gewohnheit ist, die Hände zu Gott aufhub, da fielen
ihm die linnenen Ärmel nieder, denn seine Arme waren nicht dick
und fleischig, und der besagte Rock ging nur bis zu den Ellenbogen;
also blieben seine Arme nackt. Da brachten Engel goldene Ketten,
geziert mit Edelsteinen, und deckten damit seine Arme gar ehrlich."
Der heilige Martin hatte auch Gewalt, Teufel auszutreiben, und er
erlöste viele Menschen von ihnen. In dem genannten „Dialogus"
lesen wir, dass eine Kuh vom bösen Geist besessen war, die tobte
ständig und stieß viele Menschen zu Tod. Sie griff auch den Heiligen
an, der mit seinen Begleitern daherkam. Martin hob seine Hand auf
und gebot ihr, still zu stehen. Sofort stand sie unbeweglich. Da sah
der Heilige den Teufel auf ihrem Rücken sitzen. Er fuhr ihn an und
sprach: „Weiche von diesem Tier, du böser Geist und lass ab, ein
unschuldiges Geschöpf zu peinigen." Von Stund an wich der Teufel
von ihr. Da fiel die Kuh zu des Heiligen Füßen nieder und kehrte auf
seinen Befehl zahm zu ihrer Herde zurück.
Der heilige Martin wusste seinen Tod lange Zeit voraus und unter-
richtete davon auch seine Brüder. Zu der Zeit reiste er in der Diözese
nach Candes, um dort einen Streit zu schlichten. Auf dem Weg sah
er, wie Tauchvögel den Fischen nachstellten und etliche fingen. Da
sprach er: „So machen es die Teufel: Sie stellen den Unvorsichtigen
nach und fangen sie plötzlich, verschlingen sie und werden doch
davon nicht satt." Danach gebot er den Vögeln, dass sie das Wasser
verließen und an einen wüsten Ort gingen. Da flogen sie bald in einer
großen Schar auf und strebten dem Wald und den Bergen zu.
Als er in der vorgenannten Diözese nun eine ganze Zeit gelebt hatte,
begann er an Leibeskräften abzunehmen. Er sprach zu seinen
Jüngern, dass sein Tod bevorstehe. Da weinten sie alle und sprachen:
„Vater, warum willst du uns verlassen? Willst du uns hinter dir lassen
ohne Trost? Denn grimmige Wölfe werden in die Herde deiner
Schäflein fallen." Da ward er von ihren Bitten und Tränen bewegt
und weinte mit ihnen und betete: „Herr, bin ich deinem Volk noch

nötig, so will ich mich der Arbeit nicht weigern, dein Wille geschehe." Das sprach er in Zwiespalt, denn er verließ die Seinen nicht gerne und mochte doch auch von Christus nicht länger getrennt sein. Als er nun eine Zeit im Fieber lag, baten ihn die Jünger, dass er in sein Bett, darin er in Sack und Asche lag, etwas Stroh tue. Er sprach: „Liebe Söhne, es ziemt nicht, dass ein Christ anders denn in Sack und Asche stirbt. Gäbe ich euch ein anderes Beispiel, so sündigte ich." Augen und Hände aber hielt er immer zum Himmel empor gerichtet, und sein unbesiegter Geist wandte sich nicht vom Gebet ab. Da er immer auf dem Rücken lag, baten ihn die Priester, dass er sich zur Seite wende, damit der Leib durch die Änderung der Lage etwas geschont würde. Er aber sprach: „Lasst mich liegen, dass ich den Himmel anschaue und nicht die Erde, damit der Geist zum Herrn gerichtet werde." Als er das sprach, sah er den Teufel neben sich stehen. Da sagte er: „Was stehest du hier, du blutiges Tier? Du findest nichts Unreines an mir, ich werde in Abrahams Schoß kommen." Mit diesen Worten gab er seinen Geist zu Gott. Er war zu diesem Zeitpunkt im einundachtzigsten Jahr, zu der Zeit, in der Arcadius und Honorius regierten, die zur Herrschaft kamen um das Jahr des Herrn 390. Sein Antlitz leuchtete, als wäre es schon verklärt. Und dort wurde der Gesang der Engel von vielen vernommen.

Der Tod des heiligen Martin
Wandmalerei in San Francesco,
Assisi, Unterkirche,
Martinskapelle
Simone Martini, um 1320/25

Darstellung des Monats „November" durch einen Martini-Heischezug Breviarium Grimani, flämisch, um 1520

Zum Brauchtum am Martinstag

Die bis heute andauernde Popularität Martins hat vor allem drei Gründe. Die erste und über Jahrhunderte gepflegte Bekanntheit gewann Martin durch die über ihn verfassten Schriften. Ein zweiter Grund der Popularität liegt darin, dass Martin zum „Hausheiligen" der Merowinger wurde.

Der dritte Grund für Martins ungebrochene Aktualität findet sich im Termin seines Festes. In Gallien hatte sich eine Fastenzeit – später „Martinsquadragese" genannt – vor Weihnachten ausgebildet, die am 11. November begann. Es ist auffallend, dass nicht – wie sonst üblich – der Todestag eines Heiligen auch zu seinem Gedenktag wurde. Bei Martin hat man den Tag der Beisetzung, den 11. November, als Gedenktag gewählt. Es kann vermutet werden, dass dies mit der Absicht geschah, den mit dem 11. November verbundenen Bauernfesttag mit der Martinsverehrung zu verknüpfen. Naturgemäß nahm der Vortag, der 10. November, Formen an, wie wir sie heute noch vom Karneval vor Aschermittwoch kennen: Essen, Trinken, Singen, Feiern verbanden sich mit Schlachtfest („Martinsschlachten"), Probieren des neuen Weins („Martinsminne"), Zinstermin („Martinsgänse" u. a. als Zahlungsmittel) und Arbeitsbeginn oder -ende für das Gesinde.

Darstellung des Monats „November" Federzeichnung als Entwurf für eine Glasscheibe von Jörg Breu d. Ä., Augsburg um 1525

Laut Gregor, dem neunzehnten Bischof von Tours (573–594), hatte schon Perpetuus, der sechste Bischof von Tours (ca. 461–491), der anstelle des Oratoriums über Martins Grab eine Basilika errichtete, die liturgische Verehrung von Sankt Martin angeordnet. Nachweislich wurde der im Volksglauben „apostelgleiche" Sankt Martin im 5. Jahrhundert bereits als Heiliger angerufen. Sein Kult verbreitete sich im Reich der Franken und vor allem nach Nordwestdeutschland, wo ihm erste Kirchen geweiht wurden (so in Nottuln bei Münster unter Karl dem Großen). Gerade in der Karolingerzeit wurden dem Heiligen zahlreiche Kirchen geweiht, vielfach frühmittelalterliche Königsgüter. Besonders häufig ist Sankt Martin im Trierer und Kölner Raum als Kirchenpatron und Volksheiliger anzutreffen, wo er auch im Volksbrauchtum lebendig blieb. In der darstellenden Kunst wird Martin vor allem als Ritter (Reiter) auf weißem (!) Pferd dargestellt und steht damit neben den beiden anderen Rittergestalten Michael und Georg. Seltener wird Martin als Bischof mit einer strahlenden Hostie über dem Haupt oder als Bischof mit einer Gans dargestellt.

In Deutschland erwählten die Bistümer Mainz und Rottenburg-Stuttgart den heiligen Martin zum Patron, in Österreich das Bistum Eisenstadt. Im Mainzer Stadtsiegel thront der heilige Martin inmitten eines romanischen Gebäudes. Das Patrozinium des Heiligen haben auch das Burgenland und der Schweizer Kanton Schwyz gewählt.

Als Schutzpatron tritt Sankt Martin bei Ländern und Armeen, Rittern, Soldaten, Reisenden, Flüchtlingen, Huf- und Waffenschmieden, Alpenhirten, Bettlern, Tuch-, Kappen- und Handschuhmachern, Webern, Gerbern, Schneidern, Bauern, Hirten, Winzern, Gastwirten, Hoteliers, Müllern und Zechern (!) und bei Tieren (Pferden, Hunden, Vögeln) auf.

Als Namensgeber benennt er die Insel Martinique, eine tropische Vulkaninsel der Kleinen Antillen, Quellen und zahlreiche Ortschaften. In Österreich gibt es mehrere Orte, die sich nach dem heiligen Martin nennen: Sankt Martin am Grimming, Sankt Martin bei Bad Hochmoos, Sankt Martin bei Ried und Sankt Martin im Pongau. Aus dem übrigen Ausland einige Beispiele: Saint-Martin-Vésubie (Parpaillon, Frankreich), Candes-Saint-Martin an der Loire (Frankreich), die Insel Saint-Martin (Guadeloupe-Frankreich, Leewardinseln), die Martiniquepassage (Seestraße der Kleinen Antillen), Sankt Martin in Thurn (San Martino in Badia, Südtirol/Italien), Sankt Martin in Passeier (San Martino, Süd-

Martinskirche in
Nottuln im
Münsterland

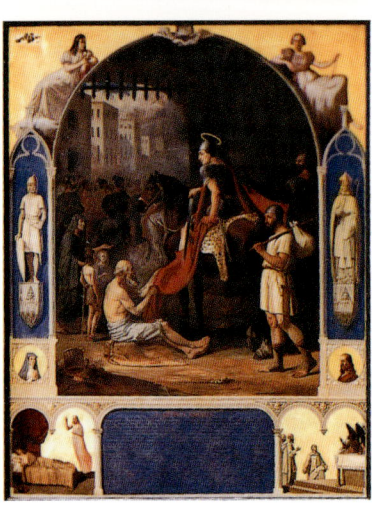

La Charité de Saint Martin
Gemälde, Antoine Rivoulon,
1837, Candes

tirol/Italien), Saint-Martin im Wallis (Schweiz), Martin (Tschechei), Martinsville (Virginia, USA) und Martin (South Dakota, USA).

In Deutschland gibt es zwar nur ein Sankt Martin in der Pfalz (PLZ 67487), aber wenigstens 21 Orte bzw. heutige Ortsteile, die sich nach dem heiligen Martin benennen:

37308 Martinfeld; Martinhagen (34270 Schauenburg-M.); Martinlamitz (95126 Schwarzenbach-M. an der Saale); 98693 Martinroda bei Ilmenau; 36404 Martinroda bei Vacha; Martinsbuch (84252 Mengkofen-M.); 18551 Martinshafen; Martinshaun (84061 Ergoldsbach); 97340 Martinsheim; 66894 Martinshöhe; 04895 Martinskirchen; Martinskirchen (84329 Wurmannsquick); Martinsmoos (75387 Neubulach-M.); Martinsreuth (95176 Konradsreuth); 06528 Martinsrieth; 55627 Martinstein; Martinsthal (65344 Eltville-M.); Martinszell 87448 Waltenhofen-M.); Martinszell (84101 Obersüßbach) 37308; Merten in der Eifel (53332 Bornheim-M.); Merten an der Sieg (53783 Eitorf-M). Nicht ausgeschlossen ist, dass auch die Orte 07619 Mertendorf bei Eisenberg/Thüringen, 06618 Mertendorf bei Naumburg/Saale, 16949 Mertensdorf, 54318 Mertesdorf und 67271 Mertesheim ebenfalls auf Martin zurückgehen.

Als Schützer und Beherrscher der Haustiere erscheint Martin schon im „Wiener Hundesegen" des 10. Jahrhunderts. In der Oberpfalz werden zu Martini die Pferde gesegnet. Im Tannheimer Tal werden die Pferde am Mittag um 12 Uhr dreimal um die Martinskapelle von Innergschwend geritten. Wundertätige Martinbilder werden besonders in Frankreich, aber auch in Tirol und der Schweiz verehrt.

Aus dem Lateinischen („dies Sancti Martini" = Tag des heiligen Martin) abgeleitet ist die Bezeichnung „Martini" für den Festtag (Bauernfesttag) des Heiligen (11. November) im liturgischen Kalender. In der gallikanischen Liturgie war Martini der letzte Festtag vor der sechswöchigen (!) Advent- und Fastenzeit (Epiphaniasfastenzeit, Epiphaniasquadragesima, Quadragesima Martini,

Weihnachtsfasten, Adventfastnacht), der – wie alle hohen Feiertage –
mit der ersten Vesper am Vorabend, dem Lucernarium (d. h. der
Zeit des Lampenanzündens), begann. Der Martinstag hatte in der
frühen Kirche einen Schwellenfest-Charakter wie Aschermittwoch.
Der Tag war in vorchristlicher Zeit Winteranfang, Rechts- und Zinstermin und Beginn des neuen Wirtschaftsjahres (Gesindewechsel,
Markttag, Almabtrieb). Nach Ernteabschluss waren nun der Zehnte
und der Pachtzins fällig. Man feierte die glückliche Ernte und ließ
sich von den Kindern der Nachbarschaft und den Armen – mehr
oder minder gern – an den wohltätigen Tagesheiligen Sankt Martin
erinnern. Martini war (neben Ostern, Maitag und Michaelis) der Tag
des Arbeitsantritts/Arbeitsendes für das bäuerliche Gesinde, die
Knechte und Mägde. Die Löhnung bestand früher mehr in Klei-
dungsstücken, Naturalabgaben oder freiem Land als in Geld.
Vielfach brachten die Dienstboten ein Stück Brot von zu Hause mit,
öfter wurden die begleitenden Mütter von der Herrschaft mit Brot
und Stuten beschenkt. Martini war also bei den Bauern ein Festtag,
der sich durch besonderes Essen und Trinken aus der Alltäglichkeit
hob.
Martini war als Zahl-, Zins- und Pachttag auch Tag der Ablieferung
von Naturalien. Dem Pfarrer und/oder dem Lehrer wurde eine

Les feux de la
Saint-Martin
Gemälde,
Martin van Cleef,
Ende 16. Jh.

47

Der Pelzmärtel
Lithographie von Franz
Graf von Pocci

Martinsgans verehrt. Der Tag des heiligen Martin galt an verschiedenen Orten auch als Steuertag, sodass Martin auch zum „Steuerheiligen" wurde. Es hieß: „Auf Martini ist Zinszeit." Man sagte aber in diesem Sinne auch: „Sankt Martin ist ein harter Mann für den, der nicht bezahlen kann."

Sankt Martin tritt heute als (Gaben bringender) Bischof (manchmal auch als Soldat) auf. Teilweise mischt sich das Martinsbrauchtum mit dem Nikolausbrauchtum. In Niederbayern (Pelzmärte) und in den Alpenländern treten vermummte Gestalten (Buttnmandel, Butzemärtel, Junker Martin, Klausen, Strohschab, Schellenmärte, Nußmärte, Knecht Ruprecht) auf, die Lärm erzeugen – ein Hinweis auf die Vermischung des Martinsbrauchtums mit germanischem Brauchtum zur Wintersonnwende und Jahreswende. Im unteren Böhmerwald gehen die Burschen mit Peitschen und Kuhglocken vor das Dorf den „Wolf austreiben". In Altbayern heißt der Brauch „Umschnalzen", in der Steiermark „Herbsteinschnalzen". In Wörgl (Unterinntal) zogen am Martinstag gehörnte Masken umher. In Tiroler Orten wird vom „Martinsgestampfe" erzählt, einem Umzug, mit dem man einen wilden Riesen, den „wilden Ochsner" und „Alberer", vertrieb oder aber den Martinsvogel, ein „fuiriger höllischer" Drache, der Schrecken verbreitet. Der Abwehr der zwergähnlichen „Kasmanndln" galt das „Kasmanndlfahrn" oder „Alpererfahrn" (Kitzbühl). In Salzburg zogen Burschen mit Peitschen, Schellen und Büllhäfen (Rummelpott, Horniskrug) zum Wettranggeln. Im Bayerischen Wald kennt man das ähnliche „Wolfablassen".

In protestantischen Gegenden, in denen Martini ebenfalls gefeiert wird, bezieht sich die Feier auf Martin Luther, dessen Geburtstag am 10. November auf den Tag fällt, an dem die Kinder jenes heiligen Bischofs gedenken, auf dessen Namen auch Luther getauft wurde. Die Umdeutung des Brauchs hat dessen Formen dort, wo er fortlebte, nicht geändert. Der unter Protestanten gebräuchliche Vorname

Martin ist eine Reverenz an Martin Luther und nur indirekt eine Erinnerung an Sankt Martin. Die Namensbildung Martin Luther King belegt diese Tradition. Ein ganz besonderes Martini wurde 1810 begangen: Durch Edikt vom 9. Oktober 1807 wurde mit Martini 1810 die Leibeigenschaft aufgehoben.

Vom „Stoppelhahn" spricht man im Münsterland zu Martini, wenn es ans Schlachten geht: „Nun wird der Stoppelhahn verzehrt." Der Stoppelhahn ist die Verkörperung der Fruchtbarkeit in Form eines Tiers. Die Bezeichnung erinnert an das Erntebrauchtum, das zu Martini stattfand.

Und noch ein Tier verbindet das Erntebrauchtum mit Sankt Martin, den „Martinsvogel". In Kindersprüchen, die das Garbenopfer auf dem Feld begleiten, werden die Martinsvögel genannt. Der Name bezeichnet zunächst im 14. Jahrhundert einen Ritterbund. Volkssprachlich werden damit Marienkäfer, Gans, Schwarz- und Buntspecht bezeichnet, aber auch der legendarische Martinsfischer, der Eisvogel. Die Kinder singen: „Sünner Märtens Vögelken heff so'n rot Kögelken, heff so rot Röcksken an." In spöttischer Weise wird auch von einem anderen Geflügeltier als „Martinsvogel" gesprochen: der „Martins-

Triumph der Kirche mit dem heiligen Martin im Zentrum (Ausschnitt) Deckenfresko von Andreas Meinrad von Au, 1773 Meßkirch, St. Martin

gans". Heute kennen die meisten die Gänse im Zusammenhang der Rede von den „dummen Gänsen" – eine irrige Feststellung, die an der Wirklichkeit vorbeigeht. Weder sind die Gänse „dumm", noch haben sie in der geschichtlichen Tradition eine untergeordnete Rolle gespielt. In römischen Zeiten waren sie Begleiter des Kriegsgottes Mars – übrigens in diesem Sinne auch ein Symboltier für den nach Mars benannten Martin. Gänse sollen die Stadt Rom durch ihre Aufmerksamkeit und ihr warnendes Geschrei vor einem feindlichen Überfall bewahrt haben. Im germanischen Denken war die Gans Symboltier Wotans, Opfertier und Verkörperung des Vegetations-

geistes. Wer rituell eine Gans verspeiste, hatte Anteil an dessen Kraft. Für Köln wird aus dem Mittelalter berichtet: „Der Martinsabend war von jeher zu einem Festschmaus bestimmt. Das war auch seit alters in Köln so. Die Tafel schmückte als Hauptgericht die Martinsgans, knusprig gebraten und mit Äpfeln, Rosinen und Kastanien gefüllt." Was den Kölnern recht war, war während der Zeit des Dreißigjährigen Krieges Simplicius Simplicissimus billig. Mit Befriedigung erinnert er daran, wie er in Soest sowohl bei Offizieren als auch Bürgern eingeladen worden war, die Martinsgans verzehren zu helfen. Die Überlieferung, 1171 habe Ulrich von Schwalenberg der Abtei Corvey zum Martinsfest eine Gans aus Silber gestiftet, erwies sich als eine Fälschung des 17. Jahrhunderts. Insofern kann die Behauptung, der bislang älteste Beleg für eine Martinsgans stamme von 1171 aus Corvey, nicht mehr aufrecht erhalten werden. Tiroler Bauernkalender kennzeichneten den Martinstag noch im vergangenen Jahrhundert mit einer gemalten Gans. In norwegischen Runenkalendern wurde der Tag seit jeher mit der Gans bezeichnet. So wie das Martinshörnchen die Konfessionsgrenzen als Lutherbrötchen überschreiten durfte und die Martinsumzüge in protestantischen Gegenden statt auf Sankt Martin auf Martin Luther hin gedeutet wurden, erweist sich auch die Martinsgans als konfessionsübergreifend: In protestantischen Gegenden verspeist man sie eben zu Ehren Martin Luthers. Den Gänsen wird es gleichgültig sein. Die Martinsgans erklärt sich aber nicht aus der Lebensgeschichte des heiligen Martin, auch wenn sie in den Legenden und in der Volksfabel vorkommt: Gänse, in deren Stall sich Martin verkrochen hatte, um seiner Wahl zum Bischof zu entgehen, verrieten ihn durch ihr lautes Geschnatter, berichtet eine Legende. Eine andere Legende behauptet, Gänse hätten den heiligen Bischof beim Predigen gestört. In einer Fabel preist die Gans, die dem Wolf entkommt, Sankt Martin als Retter. Wie dem auch immer sei, die Legenden erklären wohl nur im Nachhinein den Gänsebraten zu St. Martin. Der

Brauch scheint älter zu sein. Das germanische Erntedankfest, das abgelaufene Pachtjahr (wobei die Gans ein Zahlmittel war), die letzten Tage vor der (gallikanischen) Fastenzeit boten genügend Anlässe zu einem Festtagsschmaus. Ob die Gans als Opfertier Wotans galt und deshalb gebraten auf den Tisch kam oder ob sie angerichtet wurde, weil sie eben zu diesem Zeitpunkt besonders fett und damit wohlfeil war, lässt sich kaum mehr entscheiden. Den Gänsen ist es gleich – und den Festgästen allemal. Letztere wussten, dass der Gänsebraten der letzte Genuss vor der langen Adventfastenzeit war. Die Martinskost bestand aber auch aus frischer Wurst mit Reisbrei (Niederrhein), kalter Milch- und Wecksupp (Ahr), Eierkuchen, Waffeln oder einem Spanferkel.

Die Martinsgans ist mit abergläubischen Vorstellungen verbunden. Um den „Glücksknochen" oder die Heilkraft des Gänsefetts ranken sich besondere Vorstellungen: Wenn zwei (erfolgreich) versuchen, den V-förmigen Brustknochen der Gans zu zerbrechen, so geht der geheime Wunsch dessen in Erfüllung, der das größere Stück in Händen zurückbehält. Auch die Knochenfarbe hat (angeblich) eine Bedeutung: Ist der Knochen weißlich, so gibt es einen harten Winter, hat er aber eine schöne rote Farbe, so gehen im Winter die Vorräte nicht aus. Andernorts galt das Umgekehrte: War das Brustbein rötlich, stand ein strenger Winter bevor, war es weiß, durfte man auf einen milden Winter hoffen. In Ungarn galten Fett und Blut als wirksames Mittel gegen die Gicht. Wer eine Feder des linken Gänseflügels zu Pulver verbrannte und dieses dem Wein beimengte, hatte eine Medizin gegen Epilepsie. Der linke Fuß, ans Haus genagelt, sicherte dieses gegen Feuer. Nicht nur die Schweine, auch die Gänse waren um den Martinstag wohlgenährt und standen im besten Fleisch und Fett. Die Gänse wurden darum auch als „naturale" Pachtzahlung für den Gutsherrn geschlachtet, später auch als Naturalien zur Sicherung des Lebensunterhalts an Geistlichkeit und Lehrer abgegeben. Auch als die Naturalienleistungen längst durch

Geldzahlungen abgelöst waren, hielt sich der Begriff „Martinsgans" für die zu Sankt Martin fällige Geldzahlung.

Gansabhauet in Sursee,
im Schweizer Kanton
Luzern
Stadtarchiv Sursee

In Sursee (Schweiz) findet am Martinstag ein Volksfest „Gans-Abhauet" mit verschiedenen Wettbewerben (Sackhüpfen, Seilziehen, Wettklettern an einer Stange mit Würsten und Schokolade) statt. Gipfel der Lustbarkeiten ist aber die Gans-Abhauet, ein Brauch, der auch in Schwaben und Tirol nachgewiesen ist. Wie andernorts (im Schützenbrauchtum) der Hahn wurden Gänse geköpft, gerissen, geschlagen und geschossen. In Sursee: Auf dem Rathausplatz wird ein Draht gespannt, an dem eine fette (tote!) Gans am Halse hängt – so hoch, dass sie ein Mann mit dem Säbel soeben noch erreicht. Die Bewerber stellen sich in Reih und Glied auf. Wer beim Ganslauf an der Reihe ist, wird mit einem roten Mantel bekleidet, bekommt die Augen verbunden und eine pausbäckige Sonnenmaske umgehängt. Mit einem Krummsäbel in der Hand wird er dreimal um die eigene Achse gedreht und darf – während eines Trommelwirbels – dorthin gehen und schlagen, wo er die Gans vermutet. Mit nur einem Hieb darf er sein Glück versuchen. Wer die Gans so trifft, dass sie vom Draht fällt, darf sie behalten.

Die Bekleidung der „Gansläufer" deutet darauf hin, dass sich hier Martini- und Erntedankbrauchtum mit Bräuchen zum Abschluss des bäuerlichen Wirtschaftsjahres mischen. Die Gans-Abhauet hat eine Parallele im „Hahneköppen", einem Schützenbrauch zur Ermittlung des Schützenkönigs, der noch im südlichen Bereich der Städte Neuss und Düsseldorf bis zur Eifel gepflegt wird.

Als „Gans(e)lsonntag" wird der Martinstag bezeichnet, wenn er auf einen Sonntag fällt. Manchmal heißt aber auch so der Sonntag nach dem Martinstag. Mancherorts mussten die jungen Burschen an diesem Tag ihre Mädchen zum Tanz führen und mit Gänsebraten bewirten. Wer sich drückte, hatte mit Repressalien zu rechnen.

Die „alternative Martinsgans", vor allem im Neuwieder Becken und seinem Umland, heißt „Düppekuchen" (Dippedotz, Döppelkooche, Duppes), zu Hochdeutsch „Topfkuchen". Hierbei handelt es sich nicht um ein Gebäck, sondern um eine ausgesprochen schmackhafte Mahlzeit, die in einem Bräter aus Kartoffeln hergestellt wird. Die Feldfrucht Kartoffel verweist nicht nur auf ein früheres Arme-Leute-Essen, sondern auch auf das relativ geringe Alter dieser Mahlzeit.

Zu Martini verloren nicht nur Gänse ihr Leben. In manchen Gegenden war der 11. November der Beginn der Schlachtzeit, und an diesem Tag wurde ein Schlachtfest gefeiert. Der November galt als Schlacht- und Schmeermonat; Martini wurde als „Speckmärten" oder „Gänsmartin" bezeichnet. Daneben galten (zumindest im Eichsfeld) zwei weitere Heiligen- und Schmaustage: „Hasenbartl" und „Schweinethomas". Wenn früher auf einem Bauernhof ein Schwein oder ein Rind geschlachtet wurden, so war das nicht nur ein sachlicher Vorgang der Fleischversorgung und -konservierung für die Winterzeit, sondern ein Ereignis, zu dem es schulfrei gab. Alle – oft auch die Verwandten, Bekannten, Nachbarn – beteiligten sich an den Arbeiten. Am Abend wurde das gemeinsam erledigte Tun gefeiert: Wurstbrühe, Wellfleisch, Blut-, Leber- und Grützwürste, Speck, Tierfüße, Schweineohren und anderes wurden mit Sauerkraut, gedünsteten Äpfeln und – natürlich – mit reichlich Bier und Schnaps gereicht. Wer nicht mitfeiern konnte, dem schickte man eine Auswahl der Köstlichkeiten nach Hause. Neben Martini wurde in der Frühzeit auch zu Nikolaus geschlachtet. Während aber das Martinischlachten mehr Fleisch zum Sofortverzehr bot, weil es ein Termin noch vor der Fastenzeitschwelle war, verlangte das Nikolausschlachten auch Fastenverhalten, weshalb das Fleisch nahezu ausschließlich zum Einpökeln bestimmt war. Der Nikolaustag wurde deshalb kaum als Schlachtfest begangen, auch wenn man sich an diesem Tag weniger „fastenmäßig" ernährte.

Das Fest des
heiligen Martin
Gemälde,
nach Pieter
Bruegel d. Ä.

Beim Schlachtfest trifft man auch auf den Heischebrauch: Die Nachbarskinder zogen zu dem Haus, in dem ein Schlachtfest stattfand, und sangen, bis sie mit Würsten belohnt wurden (daher: „um die Wurst singen", „es geht um die Wurst" als Preis oder Gabe). Ein ähnlicher Brauch ist das Wurststechen: Spaßeshalber schoben die jungen Burschen eine lange Holzstange durch das Küchenfenster und erprobten, ob sie in der Gunst der Hausleute standen. In diesem Fall hing an der Stange eine Wurst, im negativen Fall ein Schweineschwänzchen oder ähnliches.

Das Schmausen vor der kargen Zeit des Adventfastens hat sich bis in die Redegewohnheiten eingekerbt: „faire la Saint-Martin" oder „martiner" bezeichnet in Frankreich „gut essen und trinken". Man mag es kaum sagen, aber es gibt im Französischen noch eine zweite Redewendung, die sich auf Sankt Martin bezieht: „mal de Saint-Martin", das ist die Bezeichnung für Kopfschmerzen und Magenbeschwerden infolge von übermäßigem Essen und Trinken.

Eine besondere Rolle spielt der „Martinswein" (Märteswein). Ihn trinken die Winzer, oft in Form eines festlichen Banketts, um für das nächste Jahr um eine gute Ernte zu bitten – eine empfehlenswerte und überzeugende Art des „Opferns". Da der Most in dieser Zeit ausgearbeitet hat, wurde zu Martini der neue Wein „getauft", das heißt, der Heurige wurde gekostet (Weinprobe). Es galt der Spruch: „Heb an Martini, trink Wein per circulum anni." Martinswein und Gänsebraten werden schon früh gemeinsam genannt. Oswald von Wolkenstein: „Trink Martein wein und gens iß." Sebastian Franck im Weltbuch von den Franken: „Erstlich loben sy Sanct Martin mitt guotem wein, genßen bis sy voll werden. Unselig ist das hauß, das nit auff deß nacht ein gans zuo eßen hat, da zepffen sy yre neüwen wein an, die sy bißher behalten haben." Im Böhmerwald gingen die Burschen und Mädchen ins Wirtshaus, um mit dem Martinswein Schönheit und Stärke zu trinken. Jüngere Trinkgründe sind Lob und Ehre des Heiligen (Martiniloben in der Steiermark). In Hauerz

Martins-Napf
Johannes Schouw, 1597
Westfälisches Landesmuseum
für Kunst- und
Kulturgeschichte,
Münster

(Schwaben) holt man bei der Martinikirchweih die Statue des Heiligen aus der Kirche, damit er am Mahle teilnehme. Martinswein bekamen auch die Knechte und Mägde zum Abschied mit auf den Weg.

An Martini überreichte der Viehhirte seinem Dienstherrn die „Martinigerte" (Martinsgerte, Märtensgerte) einen Birkenzweig, an dessen Spitze man einige Blätter ließ, ergänzt durch Zweige („Zwei") von Eiche und Wacholder („Kranewitt"), und der dann im Frühjahr zum Viehtrieb verwendet wurde (Martinisegen). Die Martinigerte wurde am Tag der Epiphanie (6. Januar) geweiht und sollte beim Viehauftrieb den Tieren Schutz gewähren. In Bayern sagte der Hirt bei der Gertenübergabe zu Martini: „Kimmt der hali sanct Mirte mit seiner girte, so vil kranewittbir, so vil ochsn und stir, so vil zwei, so vil fuder hai – Kommt der heilige Sankt Martin mit seiner Gerte, so viele Wachholderbeeren, so viele Ochsen und Stiere, so viele Zweige, so viele Fuder Heu." Unverkennbar verbirgt sich hinter diesem jetzt christlichen Brauch ein alter Fruchtbarkeitszauber. In vorchristlichen Zeiten wurde die Gerte mit Immergrün oder Eichenlaub, Wacholder oder reifen Beeren geschmückt und an der Stalltür oder im Stall angebracht. Der Fruchtbarkeitszauber ist auch noch in dem mancherorts üblichen Brauch zu erkennen, wo Frauen und Mädchen mit der Martinigerte berührt („geschlagen") wurden: die „grünen Streiche" sollten auch auf sie Fruchtbarkeit und Segen übertragen. Es wird auch eine Rute am Vorabend von Martini geschnitten, am Tag der Epiphanie (6. Januar) gesegnet und am 1. Mai vom Hirten übergeben (Lebensrute).

Teilweise wurde der heilige Martin im Mittelalter derart hoch geschätzt, dass den Menschen ein einziges Fest zu seiner Ehre nicht genügte. Neben dem „Winter-Martini" am 11. November (Martinus hiemalis) feierte man noch am 4. Juli den Tag von Martins Bischofsweihe (Martinus aestivus) oder das Sommerfest des heiligen Martin.

Das Sommerfest des heiligen Martin darf nicht verwechselt werden mit dem „St Martin's summer" wie er im Englischen genannt wird.

Der heilige Martin
Konrad Witz Nachfolge,
um 1450
Kunstmuseum Basel

„Sankt Martins Sommer" bezeichnet im Englischen das, was im Deutschen ein „Altweibersommer", „Indianersommer" (sehr selten auch: „Martinssommer") genannt wird, also besonders schönes Wetter in schlechterer Jahreszeit. Die englische Bezeichnung wird mit der Mantelteilung in Zusammenhang gebracht: Als Martin die Hälfte seines Mantels abgegeben habe, sei ihm sehr kalt geworden und er habe gefroren. Da hätten sich plötzlich Nebel und Wolken aufgelöst und die Sonne sei durchgebrochen. Dies sei der erste Sankt-Martins-Sommer gewesen.

Wo der heilige Martin Kirchenpatron war, wurde Martinikirchweih gefeiert. Dort gab es dann auch meist einen Martinimarkt. Aber Martinimärkte gab es nicht nur an Martinikirchweih. Sie fanden auf dem Land auch statt, um Waren für Haus, Hof und Gesinde für die Winterzeit zu kaufen. Das landwirtschaftliche Gesinde bot seine Arbeitskraft bei dieser Gelegenheit neuen potenziellen Arbeitgebern an. Die Mobilität der ländlichen Bevölkerung hat inzwischen die meisten Martinimärkte verschwinden lassen.

Bis zur Säkularisation Anfang des 19. Jahrhunderts hatte das vielfältige Martinibrauchtum mit dem Inhalt des kirchlichen Gedenktages nur wenig zu tun. Es war mit dem Tag als Wendemarke im bäuerlichen Wirtschaftsjahr verbunden und dadurch ökonomisch definiert. Mit der Säkularisation und dem dann folgenden Niedergang der Landwirtschaft – ihrer Technisierung, dem Rückgang ihrer Dominanz als Wirtschaftsfaktor, dem damit verbundenen Personalabbau und vor allem der gewachsenen Unabhängigkeit von regionalen Landwirtschaftserträgen – ist dieses Brauchtum weitgehend verdunstet.

Im 19. Jahrhundert wurden bei der Neubelebung des Martinibrauchtums durch die Romantik – die ja auch die Fastnacht wieder zum Leben erweckte – alte Brauchtumselemente neu mit einem katechetischen Programm verbunden: Ein allgemeiner Martinszug

Martinsabend am
Quirinusmünster in Neuss
Gemälde,
Hubert Ritzenhofen
(1879–1961)
Stadtmuseum Düsseldorf

vergegenwärtigte den Heiligen und seine Tat, vorgeführt im Spiel der Mantelteilung, gesungen in Liedern. Wilde Heischegänge wurden vielerorts durch die Übergabe von Martinstüten ersetzt. Die Martinsfeuer erloschen in vielen Orten. An ihrer Stelle traten die Martinslampen auf, kunstvoll gestaltet aus Rüben, Holz oder Pappe. Zur Zeit der Nazis kam das gesamte Martinsbrauchtum zum Erliegen: Ein Soldat, der nicht mehr mit dem Schwert für den Herrscher, sondern in Form der Nächstenliebe für Gott kämpfte, passte nicht in die braune Ideologie. Nach 1945 gelang es aber wieder, das Martinsbrauchtum heimisch zu machen. Die Zeitverhältnisse mögen ihren Teil dazu beigetragen haben.

In einem zeitgleichen Gegenwartsschnitt treten ganz verschiedene Schichten des Martinsbrauchtums, das jetzt fast das gesamte ehemals germanische Europa abdeckt, zu Tage: Im Rheinland hat sich das Martinsbrauchtum zunehmend vereinheitlicht und verkirchlicht, während sich in Nordwestdeutschland noch Reste von Maskenbräuchen, in Mitteldeutschland Umzüge und in Schlesien die Martinsgebäcke erhalten haben. In protestantischen Gebieten bezieht sich das Brauchtum auf Martin Luther (Erfurt: Zug der „Martinslichter"). In einigen Landschaften verband sich der Martinsbrauch mit dem Erntefest (Havelland, Alpen, zum Teil Rheinland). Es gab spielerische Wettkämpfe um die Martinsgans: Wie der Hahn wurden Gänse gerissen, geköpft, geschlagen und geschossen (Tirol, Schwaben) oder Martinsschweine zum Kampf aufeinander gehetzt (Würzburg).

Warten auf die Mantelteilung vor dem Historischen Rathaus in Düsseldorf

Nach Sonnenuntergang wird am 10. November der Martinsabend begangen. Liturgisch gesehen beginnt ein Festtag mit dem Sonnenuntergang des Vortages (vgl. die Sonntagvorabendmesse und die entsprechende jüdische Praxis, den Sabbat-Gottesdienst am Freitagabend). Ein feierlicher Martinsumzug, bei dem St. Martin als Bischof oder Soldat zu Pferd mitzieht und oft auch der Bettler mit dabei ist, gehört ebenso dazu wie die Mantelteilung und Martinslieder. Die Kinder tragen ihre Martinslampen mit sich. Nach Abschluss der Martinsumzuges ist in vielen Gegenden Deutschlands „Gripschen" angesagt. Der äußere Anlass des Martinsabend ist das Gedenken an den heiligen Martin und seine symbolhafte Mantelteilung. Inhaltlich wird der Festtag begleitet von inkulturierter heidnischer Symbolik. Das aktuelle Martinsbrauchtum (wie Martinsumzug, Martinslampen, Mantelteilung, Gripschen) wurde um die Jahrhundertwende aus unterschiedlichen noch vorhandenen Bräuchen „komponiert". Heutige Bestandteile sind: 1. Beschaffung der Finanzen für einen Martinsumzug (Musikkapelle, Pferd, St. Martin, Martinstüten) durch Sammeln seitens Schule, Heimat-, Schützen- Karnevalsverein oder Kirchengemeinde; 2. Herstellung (oder Kauf) von Martinslampen; 3. Durchführung des Martinszuges (mit Mantelteilung); 4. Singen von Martinsliedern (und kurze Ansprache durch einen Geistlichen oder Lehrer); 5. Martinsfeuer; 6. Austeilen der Martinstüten und/oder Heischegang; 7. zu Hause oder in einer Gaststätte kann sich auch noch das Martinsmahl anschließen.

Mantelteilung beim Düsseldorfer Martinszug

Der Lichterumzug hat ein liturgisches Vorbild: das Lucernarium, die Lichterprozession zur ersten Vesper des Vortages, wie sie an hohen Festtagen üblich war. Nicht auszuschließen sind aber auch ältere Vorstellungen, die vorchristlicher Herkunft sind. Das Anzünden der Feuer in der Nacht hatte in vorchristlicher Zeit den Sinn, das Licht und die Kraft der Sonne zu verstärken (Wintersonnwendfeier). Fackeln, zu Gesichtern geformte, ausgehöhlte Kürbisse und Runkelrüben sowie aus Pappe und Papier gebastelte Laternen, sollten Fruchtbarkeit verbreiten und böse Einflüsse vertreiben. Ihr Ort war vor allen Dingen das zu Ehren Wotans gefeierte Erntedankfest. Für Neuss am Rhein beispielsweise ist bekannt, dass

dort im 16. Jahrhundert Schüler in festlichem Zug mit Lichtern durch die Stadt zogen und sich zum Abschluss vor dem Rathaus versammelten und gemeinsam Martinslieder sangen.

Martinsumzüge in heutiger Form, von Erwachsenen geleitet, mit einem als „Sankt Martin" verkleideten Erwachsenen, Mantelteilung, Musikkapelle und Gesang sind erst gut hundert Jahre alt. In Viersen und Dülken treffen wir 1867 auf den ersten dieser „modernen" Martinsumzüge, noch ohne eine als St. Martin verkleidete Figur. 1886 tritt in Düsseldorf erstmals ein reitender St. Martin auf: ein Junge. Vielleicht ist dieses Phänomen noch ein Relikt, das auf das Martinsmännchen verweist. In Köln gibt es 1925 im Stadtteil Humboldt den ersten Martinszug. Seit 1905 trat im Düsseldorfer Martinsumzug der – natürlich erwachsene – Bischof St. Martin in den Vordergrund. 1930 hat sich der Martinsumzug im nördlich der Mosel gelegenen Rheinland fast flächendeckend durchgesetzt. In Westfalen fand der erste Martinsumzug 1910 in Bocholt statt. Nach dem Zweiten Weltkrieg haben immer mehr Gemeinden den Martinsumzug übernommen. Die Veranstaltung erhielt didaktische Züge: Der Bischof zu Pferd – oft noch ergänzt durch einen als römischer Offizier reitenden Sankt Martin, dem ein Bettler folgte – demonstrierte öffentlich die enge Verbindung von Glaube und Leben. Dementsprechend war der Akt der Mantelteilung krönender Abschluss. Der Martinsumzug ist somit eine selbst inszenierte „biblia pauperum" („Armenbibel" nennt man die „erzählenden" Glasfenster, Säulenkapitelle und Fresken in mittelalterlichen Kirchen) geworden. Wie sehr dieses Brauchtum die Menschen geprägt haben muss, kann man ermessen, wenn man bedenkt, dass Düsseldorfer Soldaten 1914 im Feld (!) einen Martinszug veranstaltet haben.

Martinslampen (Mätesköppe, Meetesköppe, Martinsfackeln, Martinslampions) bei den Lichterumzügen symbolisieren das Martinsfeuer, das sie vielerorts ablösen: Die Lichterumzüge bringen Licht in

Kinder mit Martinslampen
aus Kürbis
Louis Toussaint, 1852
Stadtmuseum Düsseldorf

61

das Dunkel. In ländlichen Gebieten wurden früher und werden heute noch Martinslampen aus Kürbissen und Runkelrüben („Fruchtleuchten") hergestellt. Es wird ein Deckel abgeschnitten, die Frucht ausgehöhlt, ein Gesicht in die Außenhaut geritzt, eine Kerze eingesetzt und der Deckel wieder aufgesetzt. Die auf einen Stock gespickte oder an einen Stock gehängte Laterne läßt sich einfach herstellen und – bei Bedarf – leicht erneuern.

Die jüngere Forschung macht auf den Zusammenhang zwischen den Tagesperikopen und dem Volksbrauchtum aufmerksam. Das Tagesevangelium am Festtag des heiligen Martin passte seit dem 13. Jahrhundert bis zur Liturgiereform im Sinn des Zweiten Vatikanischen Konzils (1969) zum Tag und zur Lichterprozession: Die „Lucerna-Perikope" aus dem Lukasevangelium 11,33ff. (vgl.

Martinsabend am
Düsseldorfer Rheinufer
Gemälde,
Hubert Ritzenhofen
Stadtmuseum Düsseldorf

Das Martinsfest in
Düsseldorf
Holzstich um 1860

Matthäus 5,15ff.; 6,22f.; Markus 4,21; Lukas 8,16) fordert dazu auf, das Licht vor den Menschen leuchten zu lassen, damit sie die guten Werke sehen und Gott preisen. Das Lichttragen findet sich aber noch viel früher. In einem Perikopenbuch des 10./11. Jahrhunderts aus dem Benediktinerkloster Monte Cassino war die Lesung des Gleichnisses vom treuen und vom schlechten Knecht Lukas 12, 35ff. vorgeschrieben. Dort heißt es: „Legt eure Gürtel nicht ab, und lasst eure Lampen brennen!" Die „lucernae ardentes in manibus vestris" wurden den Gläubigen immer wieder in Predigten vorgestellt, wie die überlieferten Texte belegen. Die allegorische Bedeutung des Lichtes verweist auf die gute Absicht, die Christusnachfolge. Es sind „Werke des Lichts", die durch die brennenden Lichter verdeutlicht werden. Da Luther die Perikopenordnung der katholischen Kirche beibehalten hatte, begünstigte dies auch im Protestantismus den Fortbestand des Martinbrauchtums und der Lichterumzüge.

Die Lichterumzüge haben größtenteils die Martinsfeuer abgelöst. Wo man die Martinsfeuer noch abbrennt, wird das Feuer als Symbol verstanden: Es bringt Licht in das Dunkle, wie die gute Tat Martins das Erbarmen Gottes in die Dunkelheit der Gottesferne brachte. Der Ursprung des Martinsfeuers wird in den Riten der germanischen Wintersonnwendfeier und des germanischen Erntedankfestes vermutet: Ein Freudenfeuer, wie es auch zu anderen Anlässen angezündet wurde, zugleich aber auch ein reinigendes Feuer, in dem das vergangene Jahr verbrannt wurde: Der Sommer wurde verbrannt! Das „Sommerverbrennen" sollte daran erinnern, dass ein Zeitabschnitt unwiederbringlich vergangen war. Vielleicht sind auch noch ältere Vorstellungen lebendig: Der Vegetationsgeist, die göttliche Kraft, die Pflanzen und Tiere hatte gedeihen lassen, so glaubte man, musste im Herbst durch Feuer getötet werden, damit sie im dunklen Winter Kraft für ein Wiedererwachen zu neuer Stärke im Frühjahr gewinnen konnte (vgl. die Rede vom Weizenkorn, das sterben muss, um neues Leben zu schenken, im Johannesevangelium 12,24). Zum Ritus dieser Feuer gehörte der „Feuersprung" d.h. der Sprung der Teilnehmer über das Feuer (vgl. den heute noch bekannten „Feuersprung" über das Johannisfeuer). Die Kraft des Lichtes sollte so gestärkt werden, dem Springer sollte der Sprung Glück bringen. Das alte Martinsfeuer sollte den Feldern Segen bringen. Das Verbrennen der Körbe auf dem Kirchenpflaster an Martini hieß im luxemburgischen Mersch „den Sommer verbrennen". Die Erinnerung an den Feuersprung in verkleinerter Form hält das Martinslied „Lasst uns froh und munter sein" fest: „Springen woll'n wir kreuz und quer übers liebe Kerzchen her." Der Sprung über die Kerze hat vor allem in den Städten, wo die Martinsfeuer wegen der großen Feuergefahr verboten wurden (Münster 1705), den Sprung über ein großes Martinsfeuer abgelöst. Das Martinsfeuer findet sich heute im Rhein- und Siegerland, in Südwestfalen und den Niederlanden. Im Gegensatz zu den anderen Jahresfeuern (Ostern, Johannis, Neujahr) ist das rheinische Martinsfeuer zu einer Angelegenheit der Kinder geworden. In der alten Form des Martinsfeuers sind vier Teile zu erkennen: 1. das Einsammeln der Brennstoffe für das Feuer vor dem Fest, 2. der Martinsumzug, 3. das Abbrennen des Martinsfeuers, 4. das Erbetteln von Früchten und Gebäck am Martinsabend. An Brennmaterial werden Holz, Reisig, Stroh, Sträucher und vor allem Körbe zusammengetragen. Des Martinsfeuers wegen hieß der Martinsabend auch „Funkentag" (15. Jahrhundert, Moers).

Vor dem 19. Jahrhundert gaben die Martinsmännchen am Martinsabend den Ton an. Statt Sankt Martin zu Pferd erscheint mancherorts heute noch im Sauerland das Martensmännchen, ein verkleideter Junge oder ein verkleidetes Mädchen, das den Kindern, die richtig beten können, Nüsse und Äpfel zuwirft. In diesem Brauch zu Martini ist ein älterer Vorläufer der Martinsumzuges zu sehen. Noch um 1800 zogen in Köln und Düsseldorf „Martinsmännchen", auf den Schultern eines Jungen sitzend, geführt von zwei weiteren

Jungen mit Rübenfackeln, mit der Jugend der Nachbarschaft oder der gesamten Pfarrjugend heischend von Haus zu Haus. Heute sind die Martinsmännchen durch den Heiligen zu Pferd abgelöst. Selten reitet er als Bischof, meist als Soldat, weil die Mantelteilung vorgeführt wird.

Bei der Mantelteilung kommt fast immer ein roter Reitermantel zum Einsatz, denn nach allgemeiner Auffassung war – und ist – Rot „Offiziersfarbe". Und es ist auch richtig, dass dies so bei den alten Römern war, aber eben nicht überall. Die kaiserliche Garde war weiß gekleidet, und so darf man davon ausgehen, dass der Offiziersmantel des heiligen Martin von weißer Farbe war.
Er hieß übrigens im Lateinischen „chlamys", erst später hat sich für die Chlamys die Bezeichnung „cappa" eingebürgert. Die Chlamys war ein Umhang, der über der rechten Schulter mit einer Spange befestigt war. 382 wird den Senatoren in Rom das Tragen der „chlamys" mit der Begründung verboten, sie sei ein den Soldatenstand kennzeichnendes Uniformteil. „Cappa" als Mantelnamen kennen wir Heutigen noch von der früheren „cappa magna", die ein Kardinal trug: eine vier Meter lange Schleppe. Für „cappa" hat sich auch „cap(p)ella" eingebürgert, eine Verkleinerungsform. (Im Mittellateinischen bedeutet das Verb „cappare": zum Mantel machen, mit einem Mantel versehen; „cappula" kann das „Mäntelchen", aber auch das „Käppchen" = die Kappe bedeuten). Der Ort, wo die Cappa des heiligen Martin aufbewahrt wurde, die Palastkapelle in Paris, erhielt ihren Namen nach ebendieser Cappa und wurde zur „cap(p)ella" (Kapelle). Heute meint „Kapelle" eine kleinere Kirche ohne Pfarrrechte und ohne Pfarrer, aber auch die Musiker der Kirche (aber nicht nur diese) heißen so. Auch die Gesamtheit der Ornate für ein feierliches Hochamt nennt man Kapelle.
Auch der Kaplan (lat. „cap(p)ellanus") hat seinen Namen von Martin. Ursprünglich war ein Kaplan der Geistliche, der für die Cappa des

Der heilige Martin und der Bettler
Meister des Engelsturzes,
14. Jahrhundert
Paris, Musée du Louvre

65

heiligen Martin zuständig war und sie bei Prozessionen trug. Später nannte man so auch jene Geistlichen, die für eine Kapelle zuständig waren. Seit dem Konzil von Trient (1545–1565) ist es aber die Bezeichnung für einen Geistlichen, zu dessen Lebensunterhalt sich der Bischof verpflichtet hatte (geweiht „auf den Tisch des Bischofs"), der ihn deshalb auch als Seelsorgsgeistlichen an einen Einsatzort seiner Wahl senden konnte. Die Kapläne lösten letztlich die Vikare ab, die – nach altem Benefizialrecht – aus dem Erlös eines Vermögens für eine ganz bestimmte ortsfeste Aufgabe besoldet wurden.

Gebildebrote in Form von Weckmännern

Früher ebenso wie heute sind mit Martini bestimmte Backspezialitäten verbunden. Zunächst einmal der Weckmann. In den frühen Tagen der Kirche war es üblich, sonn- und feiertags nach dem Gottesdienst als Kommunionersatz denen, die die Eucharistie nicht empfangen hatten, die sie nicht hatten empfangen dürfen (die Büßer und Katechumenen) oder nicht hatten empfangen können (daheimgebliebene Kranke), gesegnetes, aber nicht konsekriertes Brot zu reichen. In der griechisch- und russisch-orthodoxen Liturgie hat sich dieser Brauch erhalten, der auf das urchristliche Liebesmahl nach dem Gottesdienst, die Agapefeier, zurückgeht, die wiederum ein Brauch ist, den die Juden noch heute pflegen: Nach dem Kabbalat Sabbat, dem Gottesdienst am Freitagabend zum Sabbatbeginn, versammeln sich alle Gottesdienstteilnehmer zu einem gemeinsamen Mahl. Im Laufe der Zeit erhielt das im Brauchtum verwendete Gebäck eine auf den Festinhalt bezogene Form. Man nennt es „Gebildebrot". Die aus Teig geformten Backwaren sind Gestalten von Menschen, Heiligen, Phantasiegestalten, Tieren, Symbolen und Ornamenten. Diese „Brote" werden an Tagen geschenkt und gegessen, die zu dem Versinnbildlichten in Beziehung stehen. Gebildebrote/Gebildegebäcke symbolisieren Wünsche, das Fest, Gelübde, Opfer oder Beschwörungen. Der Weckmann, ursprünglich

wohl nur am Nikolaustag, später auch am Martinstag und heute in der gesamten Adventszeit üblich („Stutenkerl" oder „Piepenkerl" im Westfälischen; „Hefekerl" in der Schweiz; aber auch „Printenmann", „Hanselmann", „Klasenmann"), ist ein Gebildebrot, also eine mit Weizenmehlteig geformte oder in den Teig geformte Figur: Dargestellt ist ein Bischof! Die heute meist vorfindliche Tonpfeife ist ein Irrtum: Dreht man die Tonpfeife mit dem Kopf nach oben, so erkennt man, dass statt der Tonpfeife ursprünglich ein Bischofsstab angebracht war. Die Bezeichnung „Printenmann" drückt die Form des Gebildebrotes aus, „Stuten", „Stutenkerl" und „Wecken", „Wegge" oder „Weckmann", „Weggmann" bezeichnen Teigart und Form des Gebäcks.

Weniger bekannt ist die Martinsbrezel. Die Brezel (lat. „precedella") ist heute kaum mehr ein seltenes Festtagsgebäck, auch wenn sie vornehmlich an Festtagen gehäuft auftritt. Am Beginn unseres Jahrhunderts war der „Brezelbäck", der auf einer langen Stange seine Brezeln zum Verkauf anbot, keine Seltenheit. Noch heute werden am Sonntag „Laetare" in Rheinhessen und in der Pfalz traditionell Sommertagsumzüge durchgeführt, bei denen auf buntgeschmückten „Stecken" die „Sommertagsbrezeln" mitgetragen und anschließend verzehrt werden.

Die Geschichte der Brezel (vielleicht abgeleitet von „brachia" oder „bracciola": verschlungene Arme/Ärmchen) reicht weit in das Dunkel der Vergangenheit zurück. Die wahrscheinlich in vorchristlicher Zeit zu kultischen Zwecken als Opfergebäck und Grabbeigabe hergestellten Salz- und Laugenbrezeln wurden vom Christentum adaptiert. Dazu gibt es mehrere Erklärungsversuche: Dem heidnischen Sonnenreif wurde das Andreaskreuz hinzugefügt; das römische Ringbrot, das früher auch in der Liturgie gebrochen wurde, war Vorbild für diese Brotform. Als Ring mit einem Kreuz in der Mitte erschien die Brezel vielen als Symbol für den Strick, mit dem Jesus am Ölberg gefesselt und gefangen genommen wurde. Zu keiner Zeit

Martinsbrezeln

haben die Brezeln als typisches Hausgebäck gegolten. Sie wurden vom „Brezelbäck" hergestellt und gerieten zum Markenzeichen der Bäcker, die ihre Dienste unter dem Zeichen der Brezel anboten und noch heute anbieten. Im Mittelalter wurden die Brezeln zum typischen Frühjahrs- und Fastengebäck, später aber dienten sie als Geschenk für Kinder und Bedürftige an kirchlichen Festtagen. Doch nicht nur als Opfergebäck, Grabbeigabe, Fastenspeise oder Festtagsgeschenk wurde und wird die Brezel benutzt, sondern auch zu freudigen Anlässen: Paare oder solche, die es werden wollen, brachen früher zeichenhaft gemeinsam die Brezel. Anderswo überreichten sich unverheiratete Männer und Frauen so genannte „Liebesbrezeln"; wurde sie vom andern angenommen, galt dies als Zusage an den Verehrer. Auch als Glücksbringer scheint die Brezel eine Rolle zu spielen; das Verschenken von Brezeln scheint auch mit altüberlieferten Fruchtbarkeitsriten verbunden zu sein. Beim „Boissen", einem oberpfälzischen Neckspiel, versuchten die Burschen die Mädchen zu fangen und ihnen auf das Hinterteil zu klopfen. Gelang dies, erhielt die Getroffene zum Trost eine Brezel.

„Martinsgeigen" nannte man in Süddeutschland große Weißbrote, die am Martinstag in der Kirche geweiht und dann den Armen geschenkt wurden.

Das Martinshorn dagegen hat nichts mit Martin zu tun. So nennt man die auf und ab heulende Fanfare bei Polizei-, Feuerwehr- und Rettungsfahrzeugen. Benannt ist sie nach dem Familiennamen des Herstellers Martin.

„Martinshörnchen" dagegen verbinden sich mit Martini. Die ältere Brauchtumsforschung argumentiert: Von Martin werde erzählt, er habe als Soldat Wotans Mantel getragen. Deshalb verspeise man zu Ehren des Heiligen auch Martinshörnchen aus Hefeteig oder Mürbeteig, deren Hufeisenform an Wotans Ross erinnern solle. Ob sichelförmiges Gebäck tatsächlich als rituelles Opfergebäck auf Wotan zurückzuführen ist oder ob diese Gebäckform im Altertum

aus dem Orient über Vorderasien, Ägypten oder Griechenland in den Okzident gelangte, scheint fraglich. Croissants sind nach einer – natürlich unbewiesenen – Legende erstmals zur Zeit der türkischen Belagerung in Wien gebacken worden und mit der Habsburger Prinzessin Marie-Antoinette, die den späteren französischen König Ludwig XVI. heiratete, nach Frankreich gekommen. Der Segen dieses Gebäcks entfaltet sich natürlich erst richtig, wenn es Freunden und Bekannten geschenkt wird! In manchen evangelischen Gegenden erhalten die Kinder das Martinshörnchen unter der Bezeichnung „Lutherbrötchen".

„Martinsküchlein" waren ein Schmalzgebäck, das ebenso wie das Martinslaible, ein Hefezopf, vom Herrn dem Gesinde oder von Erwachsenen den Kindern geschenkt wurde.

Der „Martinsweck" (auch: Martinsring, Martinskranz) hat eine andere Funktion. Er besteht aus Hefeteig und „dingt das Neujahr an": Das Gebäck wurde von einem jungen Mann seinem Mädchen geschenkt; er forderte dieses damit auf, ihm am Neujahrstag ein (Gegen-) Geschenk zu übergeben. An der Art des Geschenks konnte er erkennen, ob und wie seine Gefühle erwidert wurden – eine spielerische Form, sich ohne tief greifende Verpflichtung nahe oder näher zu kommen. Die Symbolik nutzte natürlich auch die Quantität: je größer der Weck, desto größer die Liebe!

Dass die Armen und Kinder an einem solchen Tag ihren Tribut durch Heischegänge einforderten, war nur normal. Heischebräuche sind auf der ganzen Welt verbreitet. Zu bestimmten Terminen, den Heischetagen, dürfen Kinder und Arme in einem meist standardisierten Ritual, oft verbunden mit Liedern, Spielen, Lärmbrauchtum, um Gaben bitten oder heischen. Die Gaben bestehen aus Brot (vgl. Gebildebrote), Obst, Nüssen, Süßigkeiten oder Geld. Das organisierte Heischen mehrerer wird als Heischegang bezeichnet.

Heutige Kinder können mit dem Begriff „heischen" selten noch etwas anfangen. Im Rheinland nennt man den Brauchvollzug heute

Gruß vom Martinsfest
Ansichtskarte 1915
Universitätsbibliothek
Düsseldorf

eher „Gripschen". Gripschen (von niederdeutsch „griepen" = greifen,
erhaschen) bezeichnet das Tun der Kinder beim Heischegang zu
Martini. Der 11. November war als Erntefesttag von jeher ein Tag, an
dem Geschenke ausgeteilt wurden. Was lag näher als die Übernahme
dieses vorchristlichen Brauchs, zumal der Tagesheilige das Symbol
christlicher Wohltätigkeit schlechthin war! Ein Beleg für die alte
Tradition der Geschenke an Sankt Martin sind die „Martinspennige", die bis 1246 in Mönchengladbach an das Kölner Stift
St. Gereon, später an den Pfarrer gezahlt wurden. Noch 1633 ist in
Mönchengladbach Martini als Geschenktag lebendig: Die Soldaten
auf dem Liedberg (Burg im Kreis Neuss) erhielten an Martini 6 Taler
und 12 Albi, um den Tag würdig zu feiern. Ein alter Beleg für das

Gripschen der Kinder findet sich um 1525 in Köln: Hier zogen die
Kinder am Vorabend von Martini singend von Tür zu Tür und
erhielten, was vom Essen übrig geblieben war. Auch in Düsseldorf
war das Gripschen bei den Schülern beliebt. Es erhielt sich bis in die
Zeit der organisierten Martinsumzüge. Was es im Rheinland gab,
war aber auch andernorts nicht unüblich: 1567 verbot ein Edikt der
fürstlichen Regierung zu Celle das Rufen, Singen, Schreien und
Betteln der Kinder zu Martini; ausgenommen waren nur Lieder, die
mehrstimmig gesungen wurden. Das Heischen zu Martini hat sich
vom Rheinland bis zu den Niederlanden und bis zur Elbe ausgebreitet. Der Heischegang hat offensichtlich einen doppelten Zweck:
einerseits das Einsammeln von Brennmaterialien für das Martinsfeuer, andererseits – und quasi als Belohnung – die (natürlich erwartete!) Annahme von Obst, Gebäck und Süßigkeiten.
Das Einsammeln der mildtätigen Gaben zu Sankt Martin erforderte
ein eigenes Liedgut. Die eigentlichen Martinslieder sind dabei wohl
die jüngste Schicht. In Martinsliedern wird das Andenken des
Heiligen – seit dem 14. Jahrhundert – gepflegt. Es sind zahlreiche
Martinslieder erhalten, die Leben und Wirken des Heiligen zum
Gegenstand haben. Die meisten dieser Lieder sind um die Wende
vom 19. zum 20. Jahrhundert bei der Wiederbelebung der Martinsfeiern entstanden. Einige dieser Lieder greifen altbekannte Melodien
auf. Die alten Martinslieder stammen aus der Vagantenpoesie des
Mittelalters. Lieder, die bis vor kurzem noch in der Altmark gesungen wurden, werden auf ein Alter von 750 Jahren geschätzt.
Hauptsächlich kommen Martinslieder im Rheinland und am
Niederrhein, in den Niederlanden und Flandern vor.
Die Heischelieder sind viel älter, sicher auch die – naturgemäß – gro-
ben Rügelieder, die auf jene gemünzt waren, die den Kindern nichts
abgaben. Es wird vermutet, dass die Heischelieder älter als die christliche Martinsfeier sind. Seit den 1950er Jahren hat der Gedanke
immer mehr Anhänger gefunden, dass die heischenden Kinder nicht

71

nur an sich denken sollten. Gerade an Martini, im Gedenken an die Mantelteilung, sollten die Kinder Gaben für andere Kinder sammeln, die ihrer Hilfe bedürfen.

Während das ältere Martinibrauchtum einen ökonomischen Hintergrund hatte, ist das jüngere seit dem 19. Jahrhundert katechetisch geprägt. Es nimmt Sankt Martin und sein Tun sichtbar zum Anlass der Nachfolge. Stärken und Schwächen des aktuellen Martinibrauchtums liegen dicht beisammen: Wo es gelingt, den Heiligen zu aktualisieren und – im ursprünglichen Sinn des Wortes – zu vergegenwärtigen, da kann er Nachahmer und Nachfolger finden, da kann die Haltung und Einstellung des Heiligen auch zu der meinen werden. Kinder lernen durch Vorbilder. Durch wen und wie lernen sie, dass man – um Christi willen – mit denen teilt, die nichts haben? Vermitteln wir noch, dass Teilen etwas anderes bedeutet als Überflüssiges zu entsorgen?

Die Schwäche modernen Martinibrauchtums zeigt sich überall da, wo die Form, der „Event", dominiert, wo die Verbindung von der Form des Feierns zum Inhalt, dem Festanlass, verloren geht oder schon verloren gegangen ist. Diese Art des jahreszeitlichen Feierns, verbunden mit dem Konsum kommerzialisierter Folklore, richtet sich selbst.

Noch beinhaltet das Martinsbrauchtum die paradoxe christliche Botschaft: Wer teilt, gewinnt. Wer sich erbarmt, der erbarmt sich Christi. Dieser praktizierte christliche Glaube ist wie eine Fackel in tiefer Nacht: Es wird hell und warm. Es ist eine Aufgabe für Eltern, Erzieher und Seelsorger, diese Dimension des Martinsfestes (wieder) zu entdecken und ihr eigenes Tun an ihr zu messen. Dann kann die vielleicht schon allzu gewohnte, äußerlich und vielleicht sogar gleichgültig gewordene Form des Brauchtums etwas vom Inhalt der christlichen Botschaft widerspiegeln.

Martin mit Bettler,
den Mantel teilend
Holzschnitt,
HAP Grieshaber (1909–1981)
Kunstmuseum Reutlingen

Bauernregeln zu Martini

„Bauernregeln" nennt man die – oft in holprigem Reim geformten – Texte, in denen die Bauern ihr Wissen um die Wetterabläufe festgehalten haben. Die Wetterbeobachtung über Generationen wurde noch vor wenigen Jahren belächelt, „Wetterpropheten" wie der heilige Martin abgetan. Aber Martin ist kein Wetterprophet – sein Gedenktag ist lediglich der Merktermin für eine Wendung, die das Wetter nimmt. Und, wie jüngste meteorologische Untersuchungen ergeben haben, stimmen die bäuerlichen Beobachtungen. Man muss aber auch wissen, in welchen Gegenden die Regeln aufgestellt wurden. Es kann nämlich sein, dass zwei widersprüchliche Aussagen für einen Termin gelten, weil sie verschiedene Regionen betreffen.

Wolken am Martinstag –
der Winter unbeständig werden mag.

Nach Martini
scherzt der Winter nicht.

Sankt Martin trüb
macht den Winter lind und lieb;
ist er aber hell,
macht er Eis gar schnell.

Ist um Sankt Martin der Baum schon kahl,
macht der Winter keine Qual.

Wenn das Laub nicht vor Martini fällt,
sich ein harter Winter lange hält.

Wenn's um Martini regnet und bald darauf Frost einfällt,
so bringt's der Saat Schaden.

An Martini Sonnenschein,
tritt ein kalter Winter ein.

Ist um Martini trocken und kalt,
so ist ein gelinder Winter zu hoffen.

Die Mantelteilung als
Wetterfahne auf dem
Kirchturm von St. Martinus
in Erftstadt-Kierdorf

Wenn um Martini Nebel sind,
so wird der Winter meist gelind;
zieht die Spinne ins Gemach,
kommt ihr gleich der Winter nach;
hocken die Hühner in den Ecken,
kommt der Winter mit Frost und Schrecken.

Wenn das Laub von Bäumen und Reben
nicht vor Martini abfällt,
ist ein kalter Winter zu hoffen.

Sankt Martin kommt nach alten Sitten
gern auf dem Schimmel angeritten.

Ist das Brustbein der Martinigans weiß,
so wird der Winter streng.

Ist es um Martini trüb,
wird der Winter gar nicht lieb.

Nicht alle Bauernregeln betreffen das Wetter. Einige verknüpfen mit
dem Gedenktag auch Verhaltensregeln oder mit dem Tag verbunde-
nes Brauchtum. So begann man etwa zu Martini mit dem Heizen,
und die Spinnstubenzeit setzte ein: Das Radel, nämlich das
Spinnrad, wurde wieder hervorgeholt:

75

Mantelteilung
Hinterglasbild,
Oberbayern 18./19. Jh.
Privatbesitz

Sankt Martin macht Feuer im Kamin;
dann, o Madel,
greif zum Radel.

Der Gedenktag des heiligen Martin am 11. November schien den
Menschen des Mittelalters der Bedeutung des Heiligen nicht ange-
messen, sodass zum Martinus hiemalis, seinem Wintergedenktag,
noch ein Sommergedenktag, der Martinus aestivus, am 4. Juli trat.
Anlass war der Tag der Bischofsweihe Martins. Der folgende Spruch
scheint auf diesen Termin abzuheben, denn der heilige Kilian hat am
8. Juli seinen Gedenktag.

Sankt Kilian muss Sankt Martin
den Mantel flicken.

Schon ein Stück ernster ist der Spruch:

Sankt Martin ist ein harter Mann
für den, der nicht bezahlen kann.

Martin wird scherzhaft auch als „Steuerheiliger" bezeichnet, weil an
seinem Gedenktag auch die kleine Pacht fällig war. Wer die Pacht
nicht zahlen konnte, kam in erhebliche Schwierigkeiten, die bis zur
Lösung des Pachtverhältnisses führen konnten.

Unklar bleibt der Sinn des folgenden spöttischen Verses:

Heiliger Martin!
Sie opfern dir einen Pfennig
und stehlen dir ein Pferd!

Natürlich hat der Mensch sein Vergnügen gern durch erdichtete Anekdoten „verschönt" und legitimiert. Martin als zahlungsunfähiger Biertrinker, der seinen Mantel verpfänden muss, beschrieb dann eher die Zecher als ihr vermeintliches Vorbild:

Sankt Martin war ein milder Mann,
trank gerne cerevisiam,
und hatt' er nicht pecuniam,
so ließ er seine tunicam.

Martini schlachtete und aß man Gänse, die zu diesem Termin schlachtreif sind. Zu Martini – andernorts auch zum Nikolaustag – schlachtete man Schweine. Der neue Wein war aber zu Martini fertig, sodass er erstmals verkostet werden konnte:

Iss Gäns' Martini,
trink Wein per circulum anni,
mach Würst' Martini.

Iss Gäns' Martini,
Wurst in festo Nicolai,
heb an Martini, trink Wein per circulum anni.

Jede Sau hat ihren Martinstag.

Und selbst die Auseinandersetzungen der Reformationszeit mit ihren gegenseitigen Verketzerungen haben unter den Redewendungen zu Martin ihre Spuren hinterlassen:

Es ist mehr als ein Esel,
der Martin heißt.

Der heilige
Martin und
die Kunst

Die Mantelteilung des
heiligen Martinus
Gemälde auf Eichenholz,
Emil Kies, 1984
St. Martin, Loßburg

Eine Persönlichkeit, die mehr als 1600 Jahre im kollektiven Gedächtnis erhalten geblieben ist, schafft dies nur durch zweierlei: durch ein zu Bild zu bringendes Schlüsselereignis und durch die permanente Verbildlichung ebendieser Symbolhandlung. Und Sankt Martin hat natürlich beides geschafft: Die Mantelteilung ist durch die Jahrhunderte immer wieder dargestellt worden und hat die Erinnerung wach gehalten. Die Kopplung des Gedächtnistages von Sankt Martin mit einer Art von Jahresabschluss- und Erntedankfest, das inzwischen ganz im Martinstag aufgegangen ist, hat ein Übriges getan. Das war Humus genug für das Martinsbrauchtum, das zunächst vom Mittelalter bis zur Aufklärung und dann in anderer Form wieder ab der deutschen Romantik sprichwörtlich zur Vergegenwärtigung des Heiligen führte. Erinnert sei an die alte Kommunikationsregel, dass das Gehörte zum Gesehenen und das Gesehene zum Getanen werden muss, soll es sich tief im Gedächtnis erhalten.

Der heilige Martin wurde unzählige Male auf die unterschiedlichste Art und Weise dargestellt. Der jeweilige Zeitgeist hat ihn um- und neugestaltet – und doch blieb der Heilige „ein Mann hinter dem Bild", dem alle bildhaften Versuche, ihn zeitgebunden zu erfassen, nichts anhaben konnten. Die jeweilige Sehweise hat den Heiligen nicht verändert.

Der Versuch, die künstlerische Darstellung des Heiligen komplett wiederzugeben, ergäbe ein mehrbändiges Werk für Spezialisten. Wir bleiben bescheidener und vernünftiger und zeigen nachfolgend den Heiligen in den Augen der Kunst oder Künstler durch die Zeitläufe, in verschiedenen Kunstrichtungen und Kunststilen.

Siegel

Mit Siegeln besiegelte und besiegelt man auch noch heute Urkunden, in denen Vereinbarungen zwischen Verschiedenen oder

Siegel der Stadt Courtrai (Kortrijk), Belgien

Siegel eines Kleinhändlers in Lyon, Frankreich

Siegel der Stadt Olpe Papiersiegelmarke, 19. Jh.

Siegel des Augustinerchorherrenstifts Sindelfingen (1477) mit einem Urmodell eines Rollstuhls

Anordnungen Einzelner getroffen werden. Der Siegelstempel, jeweils ein wohl gehütetes, kostbares Unikat, erstellt ein unverwechselbares Siegel, das die Echtheit der Urkunde und die Rechtsgültigkeit der Anordnung beweist. Das Siegel repräsentiert den Beurkundenden, drückt dessen Selbstverständnis, seine Würde und seinen Wohlstand aus. Deshalb darf es nicht verwundern, wenn die Siegelstempel von meist anonymer Künstlerhand gestaltet wurden und werden. Siegel sind kleine Kunstwerke.

Das größte Siegeldepot stellt die Siegelsammlung Beissel im Historischen Archiv des Erzbistums Köln dar. Etwa 30.000 Siegelabgüsse lagern hier, sind aber bei weitem noch nicht alle erfasst und ausgewertet. Achtundzwanzig, zwei davon keine Wachs-, sondern Papiersiegelmarken des 19. Jahrhunderts, geben den heiligen Martin besonders markant wieder. In diesen Siegeln spiegeln sich Stifts- und Pfarrkirchen, Klöster, Orte, Gerichte und Schöffen, Adlige, Kanoniker, Händler und Zünfte. Alle haben den heiligen Martin zum Patron, stellen sich und ihre Sache unter seinen Schutz. Die Siegel vom Ende des 14. Jahrhunderts bis zum 19. Jahrhundert zeigen den Heiligen in der Mehrzahl als Soldat zu Pferde, während er gerade den Mantel teilt. Nur zwei dieser Siegel wählen den Bischof Martin, in beiden Fällen ohne Pferd, in einem Fall aber mit Bettler. Die Reiterpose und die ihr innewohnende mehrfache Symbolik hat seit der Stauferzeit das Martinsbild stark geprägt, die Mantelteilung als Glaubenstat und ritterliches christliches Handeln propagiert. Die zahlreichen Darstellungsvarianten belegen die künstlerische Phantasie und den handwerklichen Aufwand dafür. Das Siegel des Augustinerchorherrenstiftes zu Sindelfingen aus dem Jahr 1477 zeigt so eine frühe Form des Rollstuhls, in dem sich der Bettler fortbewegt.

Siegel des Bürgermeisteramtes Ems Papiersiegelmarke, 19. Jh.

Alle Siegel aus der Sammlung Stephan Beissel Historisches Archiv des Erzbistums Köln

Episode aus dem Leben des
heiligen Martin
Buchmalerei in einem
ungarischen Legendarium
(Esztergom?), um 1335/40
Biblioteca Apostolica Vaticana,
Vat. Lat. 8548 fol. 77v

Buchmalerei

Die religiösen Bücher vor der Erfindung des Buchdrucks, meist für
liturgische Zwecke oder das Stundengebet hergestellt, waren in einzelnen Fällen aufwändig und kostbar mit figürlicher oder ornamentaler Malerei geschmückt. Eine Handschrift aus der Biblioteca
Apostolica Vaticana (Vat. Lat. 8541), um 1335/40 wahrscheinlich in
Esztergom/Ungarn entstanden, stellt Heilige vor. Folio 77 verso widmet sich in vier Bildern dem heiligen Martin. Links oben wird die
Mantelteilung gezeigt, rechts oben erweckt Martin einen verstorbenen Mitbruder wieder zum Leben, links unten befreit der Heilige
einen Gefangenen und rechts unten wird seine Weihe zum Bischof
gezeigt.

Eine sehr seltene Begegnung:
Der heilige Martin und der
heilige Nikolaus
Laval-Stundenbuch,
Westfrankreich, um 1420

Das Laval-Stundenbuch, um 1420 in Westfrankreich entstanden, zeigt die beiden populären Heiligen Martin und
Nikolaus gemeinsam auf einem Bild. Während Nikolaus
in bischöflicher Bekleidung mit den drei wieder zum
Leben erweckten Scholaren zu sehen ist, erscheint Martin
als Mönch in Kutte mit Bischofsstab – eine eher seltene
Darstellungsform. Die Buchseite ist überaus reichhaltig
mit Pflanzenmotiven und Ornamenten geschmückt.
Die um etwa 100 Jahre jüngere Buchmalerei des heiligen
Martin zu Pferd in einem Nürnberger Gebetbuch um
1515 (siehe S. 12) lässt aus Martin, Pferd und Bettler ein
symmetrisches und zentrales Dreieck entstehen. Der harmonische Eindruck, der auch durch die Farben gestützt
wird, verstärkt sich durch den Mantel des Heiligen, der
beim Zerschneiden den Bettler schon zu bedecken
scheint. Wahrscheinlich ist das Pferd Martins in diesem
Fall aus künstlerischen Gründen bewusst kein Schimmel,
damit der blinde Bettler vor dem braunen Pferd und dem
roten Mantel in seiner Erbärmlichkeit stärker hervor-

sticht. Das Gesamtbild steht mittig auf einer mit kunstvoll gemalten Arabesken reich geschmückten Seite.

Buchmalereien waren singuläre Kostbarkeiten Einzelner, die der Allgemeinheit nicht zu Gesicht kamen. Ihren Wert haben diese Malereien auch nach der Erfindung des Buchdrucks bewahrt. Ausstellungen, die illuminierte Handschriften zeigen, finden in der Gegenwart reges Interesse.

Buchdruck

Schon vor dem Buchdruck war es möglich, künstlerische Darstellungen durch Holz- oder Kupferstiche zu verbreiten. Sie boten eine – von der Auflage her eingeschränkte – Vervielfältigung der Kunst, natürlich auch solcher, die den heiligen Martin darstellte. Ein Holzschnitt von Albrecht Dürer, 1518, belegt diese Tradition, von der nahezu kein bekannter Künstler unberührt blieb, zumal sich damit auch der Lebensunterhalt verdienen ließ.

Der Buchdruck ermöglichte die Einbeziehung von Grafiken. Ein Beispiel dafür, wie man dies machte, bietet eine meisterliche Martinsdarstellung, die das Titelblatt des Mainzer Breviers von 1509 schmückt. Der – hier linkshändige! – Martin, in zeitgemäßer Herrenkleidung, von der Breitseite vor einer Phantasielandschaft gezeigt, teilt seinen Mantel.

Da die Auflagen derartiger Bücher in der Regel nur einige hundert Exemplare betrugen, waren Holzplatten und Kupferplatten ausreichend. Je höher die Auflagen aber anstiegen, desto eher verbrauchten sich die Druckplatten. Im 19. Jahrhundert wurde dann der Stahlstich möglich, mit dem hohe Auflagen von einer Platte zu drucken waren. Er kam für die Künstler im richtigen Augenblick, die nach der Säkularisation und dem durch diese verursachten Niedergang der höfischen Kunst für die religiöse Kunst neue Ausdrucksformen suchten. Man nannte sie – nach dem Aussehen

Mantelteilung
Stahlstich, Andachtsbild nach
einer Zeichnung von Carl
Friedrich von Stralendorff,
gestochen von
Wilhelm Overbeck,
Werknummer 44 des Vereins
zur Verbreitung religiöser
Bilder in Düsseldorf, 1847
Privatbesitz

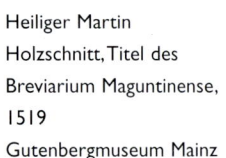

Heiliger Martin
Holzschnitt, Titel des
Breviarium Maguntinense,
1519
Gutenbergmuseum Mainz

ihrer ersten Vertreter in Rom, besonders auf Grund ihrer Haartracht – spöttisch „Nazarener". In Deutschland fanden die Nazarener an der Düsseldorfer Kunstakademie eine Heimat. Zunächst leitete der Düsseldorfer Nazarener Peter Cornelius (1783–1867) die Akademie, dann der Berliner Wilhelm Schadow (1789–1862), der von 1826 bis 1859 Direktor war. Er richtete eine Stecherklasse ein. Die Stecher waren in der Lage, aus monumentalen Fresken oder Bildvorlagen Stahlplatten zum Druck herzustellen. Gedruckt wurden kleinformatige Bilder für das Gebetbuch oder großformatige, die zum Teil auch koloriert wurden, für die Wand. Organisiert war dies alles im „Verein zur Verbreitung religiöser Bilder in Düsseldorf", der 1842 gegründet wurde und erst unter den Bomben des Zweiten Weltkrieges sein Ende fand. Der Nazarener-Stahlstich vom heiligen Martin entstand 1847 als 44. Stich. Die malerische Vorlage stammt von Carl Friedrich von Stralendorff (1811–1850), gestochen wurde die Platte von Wilhelm Overbeck (1820–1860). Bilder wie dieser Stich wirkten in die Breite. Sie bildeten einen neuen Volksgeschmack, der sich als Kunstrichtung allerdings nicht durchsetzen konnte. Sie waren aber auch Vorlagen für Paramentenstickerei, Kirchenfenstergestaltung oder die Gestaltung von liturgischem Gerät. Der Nazarener-Martin lässt sich z. B. als Vorlage für eine Fahne in Neuss-Holzheim nachweisen.

Heiliger Martin
Kupferstich, Martin
Schongauer
Graphische Sammlung der
Staatsgalerie Stuttgart

Skulptur

In der unscheinbaren Pfarrkirche des Örtchens Bassenheim bei Koblenz befindet sich eine Kostbarkeit, deren Wert erst 1935 erkannt wurde: der „Bassenheimer Reiter". Dieses Martinsrelief schreibt die Kunstgeschichte heute keinem Geringeren als dem Naumburger Meister im 13. Jahrhundert zu. Dieser Künstler, dem wir die Naumburger Stifterfiguren verdanken, hat mit größter Wahrscheinlichkeit um 1240 für den Westlettner des Mainzer Doms diese Plastik geschaffen. Wie dieses Teilstück nach dem Abriss des Lettners nach Bassenheim in die Wand über dem linken Seitenaltar gekommen ist, weiß bis heute niemand.

Diese Arbeit ist das Nonplusultra gotischer Martinsdarstellung, eine einzigartige künstlerische Leistung. Die meisterlich und tief herausgearbeiteten Figuren fixieren dynamisch den Moment der Mantelteilung. Martin zerschneidet rückwärts gewandt soeben seinen Mantel auf dem trabenden Pferd. Der zerlumpte Bettler greift nach dem Mantelteil, seine Körperhaltung zeigt die Kraftaufwendung in Gegenrichtung zum Pferd. Das Gesicht des armseligen Bettlers spiegelt seine Situation: Verzweiflung gepaart mit aufkeimender Hoffnung. Der heilige Martin wendet sich ihm zu, scheint mehr den Bettler als den zu teilenden Mantel zu sehen: Ein jugendlicher, ritterlicher Held, frei von jeder Form von Hochmut oder Arroganz, eher betroffen und gerührt. Die Kunst des Naumburger Meisters zeigt sich in dem dynamischen Verhältnis von Elend und Hoffnung, Not und Erlösung plastisch vor Augen. Er inszenierte mit Martin das Idealbild des staufischen Ritters: uneigennützig, christlich, hilfsbereit; der Ritter und Herr wird hier als Diener an den Ärmsten definiert.

Der knapp 250 Jahre später entstandene Martinus-Altar (1477/78) im St.-Viktor-Dom zu Xanten stellt die zwischenzeitliche Entwicklung interessant dar. Auch hier wird die Mantelteilung geschil-

Bassenheimer Reiter
Ehemals Teil des Lettners
im Dom zu Mainz
Naumburger Meister,
13. Jh.

Martinus-Altar
in St. Viktor,
(Detail)
Xanten, 1477/78

dert. Pferd, Reiter und Bettler nehmen die gleichen Positionen ein wie beim Bassenheimer Reiter. Aber die Distanz zwischen Martin und dem Bettler lässt sich nicht übersehen: Der Abstand ist geradezu körperlich; der Reiter wirkt geradezu distanziert, der Bettler hockt erniedrigt auf seinen Kniestümpfen, während sich der Heilige hoch aufreckt, mit nur einer Hand seinen Mantel zerschneidet, ganz Würde repräsentierend. Die Handlung spielt vor einem durch gotische Ornamentik dargestellten, reich geschmückten goldenen Chor, eingerahmt von weiteren Heiligen. Diese schöne Arbeit inszeniert die Mantelteilung als Herrentat, memoriert sie als heilige Heldentat, lässt aber jede Unmittelbarkeit oder existenzielle Betroffenheit aus dem Spiel – Eigenschaften, die zu dieser Zeit einem ritterlichen Menschen nicht anstanden.

Eine vergleichbare Plastik aus dem 16. Jahrhundert befindet sich in der St.-Martin-Kirche in Richterich. Auch wenn die Gestalt des Reiters zu Lasten des Pferdes überproportioniert wirkt: Der zeitgenössisch reich gekleidete und keineswegs jugendlich wirkende Martin scheint angerührt vom Elend des bittenden Bettlers. Ja, selbst das Pferd scheint von diesem Anblick nicht unbetroffen zu sein.

Heiliger Martin
Holzplastik, 16 Jh.
Richterich

Mit diesen künstlerischen Standards kann sich eine andere Martinsplastik nicht messen. Das Altarbild der Schneiderzunft in St. Lambertus in Düsseldorf (siehe S. 106) krönt ein Mantel teilender Martin. Der Patron der Schneider (ein halber Mantel bedeutet immer auch die Notwendigkeit eines neuen Mantels, haben sich die Schneider sicher nicht zu Unrecht gedacht!) wirkt hier weniger wie ein soldatischer Reiter, sondern geradezu bäuerlich auf einem ungesattelten Pferd. Den Reiz dieser Plastik macht nicht ihre künstlerische Qualität aus, die ist sehr bescheiden. Reizvoll ist diese Plastik wegen der dem Gesamtarrangement innewohnenden Idee. Weit und breit ist kein bittender Bettler zu sehen – es sei denn, man sähe sich selbst in dieser Rolle, wenn man vor diesem Altar steht oder kniet.

Heiliger Martin
Holzplastik, 18. Jh., Kempen

Heiliger Martin
Holzplastik, 17 Jh.
Kempen

Wir alle sind die Empfänger guter Taten. Wir sind bedürftig des Guten, das andere uns spenden. Wir sind aber auch aufgerufen, uns an Martin ein Beispiel zu nehmen und für andere, unsere „Nächsten", zum Wohltäter zu werden.

Der Martin des 17. Jahrhunderts aus Kempen dagegen zeigt klassisch die Mantelteilung zu Pferde. Martin hat soeben mit dem Schwert in seinen Mantel eingestochen. Der Bettler mit Holzbein und Stock greift schon dem Mantelstück entgegen. Eine Bewegung scheint diese Plastik vom Kopf des Pferdes bis zum Bettler zu ergreifen. Der Heilige wirkt vom Elend des Bettlers angerührt. Seine Mimik steht in einem gewissen Gegensatz zu seiner sehr barocken Präsentation: ein goldener Rock, blau abgesetzt, roter Mantel und ein – vielleicht in seiner Zeit – hochmodischer, keineswegs soldatischer Hut, bestückt mit Federn.

Noch mehr zurückgenommen, auch aus künstlerischer Sicht, wirkt der Martin aus dem 18. Jahrhundert in St. Hubertus in Kempen. Das Pferd des Heiligen ist nicht mehr weiß, sondern schwarz. Martin repräsentiert, hat den Mantel noch nicht geteilt. Der beinversehrte Bettler, nackt bis auf ein Schamtuch, hat schon zum Mantel gegriffen. Das Dargestellte wirkt statisch und distanziert wie eine Momentaufnahme zum falschen Zeitpunkt.

Heiliger Martin
Holzplastik, 18. Jh.
Grevenbroich-
Frimmersdorf,
St. Martinus

Der heilige Martin wird – natürlich gerade in Kirchen – gern als Bischof dargestellt. In der Pfarrkirche St. Martin in Grevenbroich-Frimmersdorf zeigt sich Martin in Rochett und Chormantel mit Mitra, Brustkreuz und Bischofsstab. Neben dem Heiligen wirkt der Bettler deplatziert und unzeitgemäß – er ist bloß als ikonographisches Erkennungszeichen hinzugesetzt. Der in körperlichem Schwung gezeigte Bischof – wohl eine Arbeit des 18. Jahrhunderts – zeigt einen in die eigene Zeit geholten modellhaften Bischofstyp, dessen Ursprünglichkeit nur noch an der wilden Haartracht zu erahnen ist.

Heiliger Martin
Holzplastik, 19. Jh.
Grevenbroich-
Wevelinghoven,
St. Martinus

Ähnlich wirkt eine wohl etwas ältere Martinsplastik aus St. Martin in Kaarst. Den Bischof ohne Brustkreuz und Bettler erkennt man nur durch seine die Mantelteilung zeigende Mitra als Martin.

Aus dem 19. Jahrhundert scheint der bischöfliche Martin aus St. Martin in Grevenbroich-Wevelinghoven zu stammen. Der in gereifter Jugendlichkeit dynamisch wirkende Heilige hält einen Bischofsstab in der falschen (rechten Segens-) Hand und wirkt wenig geistlich, sondern eher schon wie ein Dressman. Er trägt eine wirklich sehr spitz zulaufende, ihn deutlich überhöhende Mitra und – liturgisch unkorrekt – ein Messgewand über dem Rochett. Wie ein Pallium wirkend ziert ein kreuzgeschmücktes Band dieses Messgewand. Man muss wissen, dass dies Martin sein soll – ikonographisch ist er nicht zu erkennen.

Eine außerordentlich seltene Kostbarkeit findet sich in der Pfarrkirche St. Martin in Bedburdyck: eine Martinsplastik aus dem Rokoko. Links und rechts neben dem Hauptalter sind die Seitenaltäre St. Martin und St. Nikolaus geweiht. St. Martin steht aufrecht in strahlend silberner Rüstung mit goldenem Mantel, eine Lanze mit goldfarbenem Wimpel in seiner Linken. Er wendet den Blick auf eine weiße und zugleich weiß gekleidete halbnackte Gestalt auf dem Boden, die ihm ihre Hand Hilfe heischend entgegenstreckt. Martin wird in dem Augenblick gezeigt, als er auf den Gedanken zu kommen scheint, die Blöße des Elenden mit seiner Mantelhälfte zu bedecken. Diese gekonnte Inszenierung ist in das Zentrum eines reichen gloriolen Rokoko-Stuckmarmoraltars integriert. Diese Form der Darstellung wählt den Blick auf das historische Ereignis aus dem Nachhinein: Die Bedeutung des heiligmäßigen Vorgangs kann man bereits durch seine kostbare Gestaltung erkennen: Die Zukunft färbt die Vergangenheit ein. Was vielleicht als geschichtlicher Vorgang ärmlich und banal war, wird durch die Auszeichnung Christi kostbar und edel. Ereignis und Wirkung werden so zugleich in einem Bild dargestellt. Nach Meinung von Kunsthistorikern ist dieser heilige Martin

Heiliger Martin
Holzplastik,
Kaarst,
St. Martinus

Heiliger Martin
eine für das Rokoko
ungewöhnliche Plastik
Jüchen-Bedburdyck,
St. Martinus

und sein Altar im Umkreis der Bonn-Brühler Hofkünstler des Kölner Kurfürsten und Erzbischofs entstanden.

Am 9. November 1965 hat Düsseldorf zur Erinnerung an das in dieser Stadt lebendige Martinsbrauchtum eine Martinssäule aufgestellt. Die vom Heimatverein Düsseldorfer Jonges gestiftete Steinsäule mit einer Bronzeplastik (5,50 m hoch) wurde von Reinhard Graner geschaffen. Sie steht mitten in der Altstadt vor der Fassade der alten Hofkirche St. Andreas, im Schnittpunkt von Andreas- und Hunsrückenstraße.

Auch Köln besitzt eine Martinssäule (2,70 m hoch). Sie stammt aus dem Jahr 1980/81 und wurde von Theo Heiermann geschaffen. Die Säule steht unmittelbar an der ehemaligen Stiftskirche Groß Sankt-Martin, einer der zwölf romanischen Kirchen Kölns. Sie erinnert daran, dass die Gründer dieser Kirche, iroschottische Benediktiner, den heiligen Martin zu ihrem Patron wählten, weil er das Mönchtum in der Westkirche verwirklicht und selbst beispielhaft gelebt hat. Beide Säulen tragen qualitätvolle Darstellungen der Mantelteilung.

Die plastische Darstellung von Sankt Martin hat durch die Säkularisation kein Ende gefunden. Als das Martinsbrauchtum im 19. Jahrhundert in neuer Form entstand, kam der Heilige wieder in das Bewusstsein der Menschen. Gerade im 20. Jahrhundert entstanden einige bemerkenswerte Martinsplastiken. Zum 6. November 1983 hat die Gemeinde der Bonner Münsterkirche vier große Bronzetafeln in einer Mauer am Martinsplatz anbringen lassen. Diese Martinsgedenkstätte erinnert an die alte romanische Taufkirche St. Martin, die vom 12. bis zum 19. Jahrhundert auf dem Martinsplatz stand und deren Grundriss im Straßenpflaster des Platzes abgebildet ist. Die vom Martinsausschuss Bonn-Zentral initiierte Gedenkstätte wurde von dem Bildhauer Ernemann Sander aus Königswinter geschaffen. Die erste Tafel zeigt in der oberen Hälfte, wie St. Martin in Rom wegen seiner Glaubenstreue ausgepeitscht wird, unten gibt Martin dem Kaiser sein Schwert zurück, um künf-

Mantelteilung
Edelstahl, A. Sons
Mainz

tig Gott zu dienen. Das zweite Relief verbildlicht die Mantelteilung vor den Toren von Amiens. Die dritte Tafel zeigt oben, wie Martin zum Bischof gewählt wird, unten, wie Martin – demütig in der Mönchskutte – vor dem Kaiser für Verleumdete eintritt. Tafel vier schließlich gibt die alte Rundkirche St. Martin wieder und verbindet dies mit der Darstellung des Martinszuges von Bonner Kindern.

Eine moderne, den einen oder anderen gar avantgardistisch anmutende Plastik aus Edelstahl von A. Sons befindet sich in Mainz. Martin teilt, auf seinem Pferd sitzend, mit der rechten Hand den über der linken Schulter hängenden Mantel. Er schaut dabei den vor ihm stehenden Bettler an, der seine Mantelhälfte bereits um den Körper geschlungen hat. Auch moderne Plastiker können das alte Motiv neu umsetzen.

Zum Schluss erwähnt sei ein außergewöhnliches Objekt – ein Vortragekreuz einer Martinsgemeinde, die an dem meisterwähnten „Kreuz" Deutschlands besteht: dem aus den Verkehrsnachrichten gut bekannten Kaarster Autobahn-Kreuz. Die geometrischen Konturen dieses viel befahrenen Autobahnschnittpunktes zwischen Düsseldorf und Neuss hat der Künstler Wilhelm Polders aus Kevelaer als Kreuz ausgearbeitet. Aus „Nord und Süd, Ost und West" (Matthäus 8,11) streben Menschen der Kreuzmitte zu, aus der heraus sie wieder „ins Unendliche" fahren. Die Endpunkte des Kreuzes hat der Künstler deshalb nicht als endliche, sondern als unendliche Punkte gekennzeichnet: Bergkristalle bündeln das Licht und senden es neu aus. So wie dieses Kreuz müsste auch jede Gemeinde Christi Licht weit über ihre Grenzen hinaus ausstrahlen. Das Autobahnkreuz ist so zu einem liturgischen Symbol geworden. Vor diesem Kreuz steht Christus als Lichtgestalt. Er ist nicht dargestellt als der Angenagelte und Machtlose. Er, der „keine anderen Hände hat als die unseren", erscheint mit Martins Mantelteil, so wie er einst Martin im Traum erschienen ist. Christus zeigt uns den geteilten Mantel und erinnert so an die Worte der Bibel: „Ich war nackt und ihr habt mir Kleidung

Der heilige Martin wird gegeißelt, gibt dem Kaiser sein Schwert zurück, wird zum Bischof geweiht und tritt vor dem Kaiser für Verleumdete ein. Bronzetafeln am Bonner Martinsplatz Ernemann Sander, 1983

gegeben" (Matthäus 25,36a). Und wenn ihn die Gerechten fragen: „Und wann haben wir dich nackt gesehen und dir Kleidung gegeben?" (Matthäus 25,38b), wird Christus antworten: „Amen, ich sage euch: Was ihr für einen meiner geringsten Brüder getan habt, das habt ihr mir getan" (Matthäus 25,40b).

Das Kaarster (Autobahn-) Kreuz mit Christus, den halben Mantel Martins vorweisend Vortragekreuz, Wilhelm Polders, St. Martinus, Kaarst

Der heilige Martin als Fürbitter
Altarfenster
Kirchsahr, St. Martin

Kirchenfenster

Die vielen Kriege der Vergangenheit sind ein Grund dafür, dass sich nicht allzu viele Kirchenfenster aus der Zeit vor zweihundert oder dreihundert Jahren erhalten haben. In der Kirche des „Bassenheimer Reiters" befindet sich ein Martinsfenster des 19. Jahrhunderts, das den Heiligen als Bischof mit Messgewand zeigt. Weil er in seiner linken Hand die Heilige Schrift hält, umfasst seine rechte Hand (fälschlich) den Bischofsstab. Über dem Messgewand trägt Martin die alte Form des Palliums. Dieses Fenster ist allein deshalb interessant, weil es die Gans als Attribut des Heiligen zeigt. Sie hockt hinter dem Bischof und äugt vorsichtig und auf der Hut – rückwärts blickend –, wie Gänse dies gerne tun.

Älter ist das Martinsfenster in St. Martin in Nettersheim. Der auf dem Boden hockende Krüppel hebt bittend seine Hand gegen den auf seinem Schimmel sitzenden römischen Soldaten, der seinen Mantel auseinander hält, damit er ihn zerschneiden kann. Der Heilige schaut Anteil nehmend auf den Bittsteller. Ein einfacher Soldat steht hinter dem Bettler und schaut überrascht auf das unkonventionelle Tun.

Auch bei den Kirchenfenstern belegt ein Werk aus dem Jahr 1960 die hohe Qualität zeitgenössischer Arbeiten. Das Fenster aus St. Maria Himmelfahrt in Mönchengladbach befindet sich in der Ostwand über dem Altar des heiligen Martin. Der Entwurf stammt von Professor Wilhelm Geyer, Ulm, und wurde durch die Werkstätten Dr. Heinrich Oidtmann, Linnich, ausgeführt. Das Fenster besteht aus einer Rundscheibe und zwei viergliedrigen Stäben, die in Helmspitzen münden. In der Rundscheibe erscheint Christus Martin im Traum, bekleidet mit der Hälfte des Mantels, den Martin als römischer Soldat vor den Toren von Amiens mit dem Bettler geteilt hat. Die beiden Helmspitzen zeigen die Mantelteilung und Martins Absage an den Kriegsdienst vor Kaiser Julian Apostata

Mantelteilung
Glasfenster
St. Martin, Nettersheim

im Lager zu Worms. Die rechteckigen Scheiben, von oben links an, verbildlichen: Bischof Hilarius von Poitiers ermöglicht Martin die erste Klostergründung in Ligugé bei Poitiers; Martin wird Bischof von Tours; Martin erweckt einen Toten; Martin bei Kaiser Maximus am Hof zu Trier; der Tod des Heiligen in Candes (Loire) bei Tours; Martin wird begraben. Der als Ornament zwischen den Scheiben verlaufende Text fügt sich zu: „O beatum Martinum, qui totis visceribus dilegebat Christum Regem, et non formidabat imperii principatum, o sanctissima anima, quam etsi gladius persecutoris non abstulit, palmam tamen martyrii non amisit." Übersetzt lautet dieses Zitat aus der Liturgie des Martinsfestes: „Glücklicher Martin, der aus ganzer Kraft Christus, den König, liebte und sich vor weltlicher Gewalt nicht fürchtete. Du lautere Seele, der das Schwert des Verfolgers nichts anhaben konnte und die dennoch der Palme des Martyriums nicht verlustig ging." Dieser Text spielt auf das „unblutige Martyrium" Martins an, dessen ganzes Leben als Martyrium galt und der deshalb als heilig angesehen wurde. Später bürgerte sich der Begriff „Bekenner" für die „unblutigen Martyrer" ein. Nicht nur die künstlerische Qualität dieses Fensters spricht für sich, auch die theologische Durchdringung. Denn nicht in der Mantelteilung „gipfelt" dieses Fenster: Die soziale Tat der Mantelteilung durch Martin wäre für sich allein genommen ehrenhaft; durch ihre Absicht aber, Christus durch den Geringsten zu dienen, wird sie zur heldenhaften Glaubenstat. Ähnliches gilt für die Absage an den Kaiser. So wie Christophorus nur dem Höchsten dienen will, kündigt Martin dem obersten Herrn auf Erden, dem römischen Kaiser, den Dienst. Er wählt nun einen höheren Herrn, in dessen Dienst er sich stellt: Der Soldat des Kaisers wird Soldat Christi – der bisher den Tod gebracht hat, bringt nun das Leben.

O BEATUM MARTINUM QUI   TOTIS VISCERIBUS DILIGIS

UT CHRISTUM DESERE NON   FORTI DAGU INTERRI PRINCIP

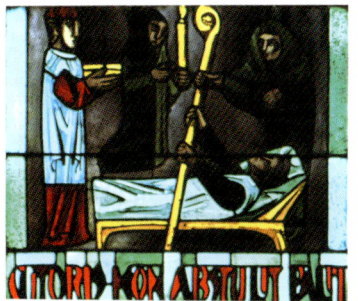

AUREO SANCTITATIS AMINA   QUAE DEI GRATIS FIEE

Martinsfenster in
St. Maria Himmelfahrt,
Mönchengladbach

CITHORD HON ABSTULIT BALTI   ATI INTRTAIT VITEDU NON AMGT

95

Heiliger Martin
Linker Flügel des
Triptychons
„Die drei Reiter"
Öl auf Leinwand,
Hans von Marées, 1885/87
Bayerische
Staatsgemäldesammlungen
München,
Neue Pinakothek

Malerei und Graphik

Gemälde des heiligen Martin, Tafelbilder, Altarbilder oder Fresken sind durch das ganze Mittelalter bis in die Neuzeit hinein bekannt. Unsere Zeit geprägt haben jedoch die Gemälde des 19./20. Jahrhunderts, denen eine gewisse zeitgemäße dramatische Inszenierung zur Darstellung von Macht und Stärke, manchmal gepaart mit subtilem Pathos, eigen ist. Zwei Maler können das Gesagte verdeutlichen. Hans von Marées (1837–1887) hat 1885/87 das Triptychon „Die drei Reiter" gemalt, heute in der Bayerischen Staatsgemäldesammlung Neue Pinakothek, München. Der linke Flügel zeigt einen nach rechts reitenden Offizier mit Goldhelm auf einem schweren braunen Schlachtross. Die Düsterkeit des Bildes mit seinen braunschwarzen Grundtönen wird gesteigert durch das dunkle Mantelstück, das der Heilige bereits abgeteilt vor sich hält, um es dem rechts vor dem Pferd bittenden Bettler zu übergeben. Kontrast bietet allein das fahle Licht, das sich im eisigen Schneeboden spiegelt. Die fast gespenstische Szene wirkt durch die beiden im Schutz einer Pflanze ruhig hockenden Vögel intim. Gegen den düsteren Himmel zeichnen sich Schemen ab, die aussehen wie die drei Kreuze auf Golgota. Martins Mantelteilung hat nur für den etwas mit einer christlichen Liebestat zu tun, der in der martialischen Pose die versteckten Symbole erkennen kann, die auf das Christentum verweisen.

Die Verbindung zwischen Mantelteilung und Golgota nimmt ein anderer Maler expressis verbis auf. Julius Paul Junghanns (1876–1958) malt 1925 „Mantelteilung auf Golgotha", das sich heute in Privatbesitz befindet. Vor dem toten Christus am Kreuz, dessen Blut aus den angenagelten Händen zwei Engel in Kelchen auffangen, sitzt ein martialisch wirkender Martin auf einem mächtigen weißen Ross. Der in eine Goldrüstung gekleidete Heilige hat bereits seinen roten Umhang zerteilt und reicht ihn einem knieenden, jugendlich wirkenden Bettler in einem Lumpengewand. Der Blick des Heiligen

Links:
Sankt Martins
Mantelspende
Julius Paul Junghanns, 1930
Stadtmuseum Düsseldorf

Rechts:
Mantelteilung auf Golgotha
Julius Paul Junghanns, 1925
Privatbesitz

mag mitfühlend sein; die Gesamtkomposition lässt ihn mit seinem in der linken Hand (!) noch aufgereckten Schwert herrisch wirken. Am Kreuzesstamm, zwischen den Hufen des Pferdes zeigt sich ein Totenschädel – der Tradition nach der Schädel des alten Adam. Wie Christus sein Blut vergießt, so scheint Martin seinen roten Mantel zu verschenken – suggeriert die Komposition. Kreuzestod Christi und Mantelteilung werden in eins gesetzt.

Vom selben Maler stammt ein vergleichbares Bild, das sich heute im Stadtmuseum von Düsseldorf befindet: „St. Martins Mantelspende". Auf einem braun-weißen, mächtigen Ross in silberner Rüstung sitzend, das Schwert noch in der rechten Hand, reicht Martin mit der Linken dem vor ihm stehenden jugendlichen Bettler sein rotes Mantelstück. Weit im Hintergrund ist die Silhouette der Stadt Düsseldorf mit dem unverwechselbaren Turm der Stadtpfarrkirche St. Lambertus und der Oberkassler Rheinbrücke zu sehen. Davor ergießt sich der in schillernden Farben glühende Strom eines Martinszuges der Kinder. Unverkennbar auch hier die eine gewisse Monumentalität erreichende zeitgenössische Formensprache.

Die Gegenwart schaut auf derartige Darstellungen fasziniert und distanziert zugleich zurück. Heute wird Martin in einer anderen Sicht wiedergegeben. Ein Beispiel dazu bietet das folgende Bild. Dass ein Holzschnitt, also ein recht altes Darstellungsverfahren, auch von modernen Künstlern zeitadäquat genutzt werden kann, beweist Alfred Pohl (*1923) mit seiner Martinsdarstellung, die im Pfarrsaal von St. Martin in Euskirchen hängt. Auf der Bilddiagonalen sitzt der Soldat und Offizier Martin auf seinem Schimmel und teilt seinen Mantel mit dem Bettler. Dieser hockt rechts unten auf dem Boden und greift nach dem Stoff, der ihm das Leben erhält. Hinter Martin, in der oberen linken Bildhälfte, korrespondierend mit dem Bettler, steht Christus und bedeckt sich mit der Mantelhälfte Martins. Nicht

Heiliger Martin
Holzschnitt,
Alfred Pohl (*1923)
Pfarrsaal in St. Martin,
Euskirchen

Martinsabend
Eduard Geselschap, 1870
Stadtmuseum Düsseldorf

bloß die Mantelteilung als soziale Tat, sondern auch deren spirituel-
ler Sinn ist Gegenstand dieses inhaltlich und formal durchdachten
Bildes, das angesichts des sperrigen Materials Holz eine perfekte
Beherrschung dieses Werkstoffs beweist.

Nichts mehr mit Sankt Martin haben jene Bilder des 19./20.
Jahrhunderts zu tun, die stimmungs- und ausdrucksfroh den
Martinszug der Kinder mit ihren Martinslampen zeigen. Sie nutzen
Dunkelheit, Licht und Farben, um kindliche Freude, heimatliche
Bauwerke und künstlerische Fertigkeiten zu einem Mixtum compo-
situm zu verbinden – eben eine Stimmung zu transportieren.
„Martinsabend" hat Eduard Geselschap sein Bild von 1870 genannt,
das Kinder mit Lampions beim „Gripschen" zeigt – wie in
Düsseldorf das Heischen (andernorts auch „schnörzen" oder „bet-
teln") genannt wird. Kinderaugen und Lampions leuchten um die
Wette vor einer unwirklichen Architektur. Eine ihr Kind haltende
Mutter wirft den singenden Kindern kleine Geschenke zu. Links
von dem Gebäude ist schemenhaft der Turm der Düsseldorfer
Lambertuskirche, rechts der Schlossturm zu erahnen.

Martinsabend
Sigrid Wachenfeld, 1945/46
Stadtmuseum Düsseldorf

Wie anders wirkt das von Sigrid Wachenfeld
1945/46 geschaffene Gemälde „Martinsabend".
Eine Mutter und zwei Kinder bilden die
Bildmitte und füllen das Bild zugleich aus. Das
kleinere Kind wird von der Frau getragen, das grö-
ßere steht neben ihr und trägt in der rechten
Hand seine Martinslampe, eine gelb-runde
Leuchte. Die dunklen Erdfarben, die von Mützen
bedeckten Köpfe und die in Handschuhen stecken-
den Hände vermitteln den Eindruck von Kälte.
Die Armut kommt durch die Holzschuhe an den
Füßen des stehenden Kindes gesteigert zum
Ausdruck. Nein, romantisch ist dieses Bild nicht.
Die soziale Realität, wie sie hier dargestellt ist,

Martinsabend
Peter Schwingen, 1837
Stadtmuseum Düsseldorf

lässt eine Sehnsucht nach Wärme, Geborgenheit, Annahme wach werden. In scharfem Kontrast hierzu der „Martinsabend" (1837) von Peter Schwingen. Heischende Kinder vor einer Tür. Die niedlichen Kinder singen und befassen sich mit ihren Leuchten. In der Haustür steht im Schatten die Hausfrau, die Arme in die Seite gestemmt, vor dem rotwarm leuchtenden Hintergrund. Die Niedlichkeit der Kinder, die in diesem Alter wohl kaum eigenständig „Gripschen" könnten, wird verstärkt durch eine mitziehende Mutter mit Kind auf dem Arm. Eine Romantik suggerierende Szene, die per Ästhetik die soziale Problematik unsichtbar macht.

Ebenfalls romantisch, aber keinesfalls kitschig wirkt ein Bild von Hubert Ritzenhofen „Martinszug in der Lambertusstraße um 1928". Über eine schneebedeckte Straße zieht die Schar der Kinder. Ihre bunten Lampen setzen Lichtpunkte in der Dämmerung. Man muss um die christliche Bedeutung des Lichtes in der Dunkelheit wissen, um das Bild erschließen zu können. Sonst bleibt es eine heimatbezogene folkloristische Erscheinung.

Ganz anders wieder der „Martinszug 1946" von Bernhard Gauer. Durch das zerbombte Düsseldorf, erkennbar am beschädigten Schlosturm und am Turm der Lambertuskirche, zieht eine Schar von Kindern mit bunten Laternen. Die Ruinen und die Leuchten der Kinder bilden einen scharfen Kontrast. Der Martinszug, wie er hier in einer stark von der unmittelbaren Situation geprägten Sicht anschaulich wird, spricht doch bildlich den allgemeinen Gedanken aus: Das Leben triumphiert über den Tod, Zerstörung vermag die lebendige Aktivität nicht aufzuhalten. Die Zukunft gehört denen, die nicht wie die Mächtigen Tod und Verderben, sondern wie Kinder Licht und Leben bringen.

Martinszug in der
Lambertusstraße
Hubert Ritzenhofen, 1928
Stadtmuseum Düsseldorf

Fünf Jahre nach dem Tod Martins bittet Sulpicius Severus, der Verfasser der ersten literarischen Darstellung des Heiligen, seinen Freund Paulinus von Nola (353–431) um ein Porträt des Bischofs von Tours. Aus den zeitgenössischen Totengedenkbildern entwickelt sich die Darstellung eines Ideals, der es nicht mehr um ein originalgetreues Porträt, sondern um die Präsentation eines symbolhaften und folgenreichen Tuns geht. Seit dem 5. Jahrhundert bis in die Gegenwart findet jede Zeit „ihren" Martin – oder eben auch nicht, wenn sie sich in Äußerlichkeiten verliert.

Martinszug
Bernhard Gauer, 1946
Stadtmuseum Düsseldorf

Mantelteilung
Glasfenster,
unbekannter Künstler
Privatbesitz

Ein kleiner Exkurs zur Mantelteilung

Der noch nicht getaufte Martin teilt seinen Soldatenmantel mit einem Bettler. Im Traum erscheint ihm Christus, der diese Liebestat als an ihm, dem Sohn Gottes, geschehen deutet. Der Katechumene Martin hat schon wie ein Christ gehandelt: „Was du dem Geringsten meiner Brüder getan hast, das hast du mir getan" (Matthäus 25,40) sagt Christus. Solches Handeln ist konsequent im Sinn von Gottes Liebesgebot: „Du sollst deinen Nächsten lieben wie dich selbst" (Markus 12,31; Matthäus 22,39).
Gern wird die Mantelteilung als „Szene der Wohltätigkeit" gedeutet. Aber sie ist mehr als eine soziale Wohltat. Sie hat als symbolisches Tun drei Bedeutungsebenen:
Auf der profanen Ebene ist ein Akt wie die Teilung des Mantels, also dessen, was man besitzt, widersinnig: Wer teilt, bringt sich um die Hälfte seines Besitzes. Das Ergebnis ist allein Verlust.
Auf der sozialen Ebene kann aus dem Verlust Gewinn werden: Teilen macht auch Freude. Erst überwundener Egoismus und niedergerungener egozentrischer Individualismus ermöglichen Gemeinschaft.
Auf der christlichen Bedeutungsebene geschieht die Mantelteilung nicht nur aus humanen Gründen, sondern aus christlichen: Teilen heißt wie Christus handeln. Die zweite Bedeutungsebene bleibt bei dem humanen Prinzip stehen: „Do ut des – ich gebe, damit auch du mir [falls ich selbst in Not gerate] gibst." Das galt im alten Rom auch für die Beziehung zwischen dem Menschen und der Gottheit. Die christliche Bedeutungsebene überhöht das humane Prinzip: Der Christ gibt, weil Gott ihn selbst beschenkt hat. Die humane, horizontale Beziehung überwindet die Gleichgültigkeit gegenüber dem Nächsten, der als Gotteskind Mitbruder oder Mitschwester ist; hinzu kommt aber eine vertikale Beziehung zu Gott, die die horizontale bestimmt. Weil Gott sich in Christus unverdient schenkt, kann der Christ gar nicht anders, als andere an der Überfülle teilnehmen zu lassen.

St. Martin
Skulptur
an Groß Sankt Martin,
Köln

Als symbolische Tat ist die Mantelteilung für christliches Tun Pars pro toto – die einzelne Tat spiegelt das Gesamte wider. In der Mantelteilung zeigt sich das Christsein: Christliche Grundhaltung ist gelebter, getaner Glaube. Theoretische Nächstenliebe gibt es nicht. Meinen Nächsten muss ich erkennen und ich muss handeln. Bis heute leben die benediktinischen Orden (Benediktiner, Zisterzienser und Trappisten) dies zum Beispiel dadurch, dass sie niemanden an der Pforte abweisen, der Hunger hat oder übernachten möchte. Allen, die anklopfen, wird aufgetan, als seien sie Christus selber. Ebendies meint die Formel, jemand wie Martin handle „sub specie aeternitatis" – unter dem Blickwinkel der Ewigkeit. Martin entscheidet, wie er entscheiden würde, wenn er bereits im Himmel wäre. Die Perspektive der – zu gewinnenden – Ewigkeit ist es, die vermeintlich widersinnigem Tun Sinn verleiht.

Heiliger Martin
Skulptur
Kirchsahr, St. Martin

103

Mantelteilung
Wandgemälde,
Albert Burkhart, 1935/36
Leutkirch, St. Martin

Mantelteilung
Skulptur in der Krümme
eines Bischofsstabes von
Joannes Baptista Sproll,
Bischof von Rottenburg
(1927–1949)

Durch das Teilen des Mantels hat die Person des heiligen Martin weit
reichende Bedeutung gewonnen. Als jemand, der sub specie aeternitatis handelt, ist Martin einer, der die Vollkommenheit anstrebt und
zu leben versucht. Deshalb lebt er – anders als seine damaligen
Mitbrüder – als Priester und Bischof ehelos, zölibatär. Sein „engel-
gleiches" Leben auf Erden verzichtet auf eine (Ehe-)Partnerin nach
dem Beispiel Christi: Er will – ungebunden – für alle da sein.
Zunächst aber ist Martin Soldat des Kaisers von Rom. Hineinge-
boren in eine Offiziersfamilie, hat er keine andere Wahl, als Soldat
zu werden. Als er Christ wird und seinen Soldatenberuf aufgibt,
leugnet er seine bisherige Lebensweise nicht: Soldatisch bleibt sein
Leben. Pflichterfüllung, Härte gegen sich selbst, Bescheidenheit und
Bedürfnislosigkeit kennzeichnen seinen weiteren Lebensweg. Aus
dem „miles Romae", dem römischen Soldaten, wird ein „miles
Christi", ein Soldat Christi. Hatte das kaiserliche Schwert getötet
und damit Leben vernichtet, so schafft das Schwert in der Hand des
Christen Heilung und Heil, erhält biologisches Leben und weist auf
ewiges Leben.
Martin, die Urform eines Miles Christi, wird in der Zeit der Staufer
zum Vorbild der Ritter – und gerät dadurch aufs Pferd, weil ein
Ritter bekanntlich durch sein Pferd definiert wird. In der ältesten
Hagiographie Martins ist bei der Mantelteilung von keinem Pferd die
Rede, allerdings wird auch nicht definitiv das Nichtvorhandensein
eines Pferdes festgestellt. Wie auch immer: In ritterlicher Zeit war
die ritterliche Tat der Mantelteilung ohne einen ritterlich auf dem
Pferd sitzenden Martin unvorstellbar. Diese Pferd konnte natürlich
kein beliebiges Pferd, sondern musste ein Schimmel sein. Denn die
äußerliche weiße Farbe dieses Pferdes drückt symbolisch die innere
Reinheit des heiligen Martin aus.
Und Urform ist Martin nicht nur über viele Jahrhunderte für die
Ritter, sondern auch für die Priester und vor allem für die Bischöfe.
Einer, der selber lebt, was er anderen predigt – einer, der nicht nur

Martinssäule in Düsseldorf
Bronze und Stein,
Reinhard Grauer, 1965

fromm den Kultus vollzieht, sondern dem der Kultus die Basis für die Kultur ist – einer, der sich nicht fromm in seiner Studierstube zurücklehnt, sondern der sich für die Gläubigen und für die Lösung ihrer Probleme einsetzt. Seine Christen sind ihm nicht bloß anvertraut, er hält ihnen auch die Treue. So einer hält sich an das Recht und liebt die Gerechtigkeit, sie sind ihm nicht luftleere Prinzipien, sondern Basis menschlichen Zusammenlebens. Und im Kampf für die gute Sache fürchtete sich dieser Bischof vor niemandem, nicht einmal vor dem übermächtigen, römischen Kaiser, vor dem seine Mitbrüder buckelnd einknicken.

Martin gilt in der Westkirche als der erste populäre heilige Bekenner. Er erlangt also den Grad der Heiligkeit nicht durch sein vergossenes Blut, sondern durch seinen lebenslangen, unermüdlichen Einsatz. Dieser wird als „unblutiges Martyrium" verstanden. Ein neuer Heiligentyp ist in seiner Person aufgekommen. Und was Martin in der Westkirche, ist Nikolaus in der Ostkirche: erster heiliger Bekenner.

Martin und Nikolaus haben noch eine Gemeinsamkeit. Beide haben, ehe sie Bischöfe wurden, als Mönche gelebt. Martin hat sogar in der Westkirche wohl eines der ersten Klöster gebaut. Deshalb werden beide Heilige bis zum heutigen Tag in den Klöstern hoch verehrt.

St. Nikolaus in
St. Martin, Kirchsahr

Und in noch einem Punkt ist Martin Erster: Er erhält nach seinem Tod als erster eine Hagiographie. Das ist im Christentum eine völlig neue Art von Literatur: die Lebensbeschreibung eines Heiligen. Wir kennen auch noch den Namen des Mannes, der diese Leistung um die Wende vom 4. zum 5. Jahrhundert vollbrachte: Sulpicius Severus hieß er und war ein in Gallien lebender Römer. Diese erste Hagiographie war das Vorbild aller im Lauf der Jahrhunderte nachfolgenden Lebensbeschreibungen von Heiligen.

Heute kann man nur darüber spekulieren, warum der Gedenktag des heiligen Martin nicht der 8. November ist, sein Sterbetag, der bei

Mantelteilung
Reiterstandbild auf dem
Rahmen des Altarbildes
der Schneiderzunft (1711)
in St. Lambertus,
Düsseldorf

Siegel des
Augustinerchorherrenstifts
Sindelfingen (1477) mit
einem Urmodell eines
Rollstuhls

Heiligen stets als „Geburtstag" der Heiligkeit verstanden wurde. Martins Gedenktag ist der 11. November,
sein Begräbnistag. Vermutet wird, er sei deshalb gewählt
worden, weil er bereits ein Feiertag war, ein Tag der Bauern, die
an diesem Tag den Abschluss des Wirtschaftsjahres feierten, ihr
Personal wechselten und den ersten neuen Wein tranken. Wie auch
immer – Herbstbrauchtum und Martinsgedenken gingen bis zur
Aufklärung eine untrennbare Symbiose ein. Die Konrad Adenauer
zugeschriebene Aussage in schönster rheinischer Diktion: „Ne jut
jebratene Jans is ne jute Jabe Jottes", belegt dieses erfolgreiche
Zusammenspiel bis in die Gegenwart. Dass die Franzosen nach der
Aufklärung die „Martinsminne" als „Beaujolais Primeur" erfolgreich
vermarkten, beweist wohl eher die Säkularisierung von Brauchtum.
Mit der Aufklärung hat auch die Industriegesellschaft begonnen, ist
die Agrargesellschaft immer mehr geschrumpft. Das Martinsbrauchtum hat sich angepasst: Aus dem Erntebrauchtum unter dem
Namen Martins wurde ein katechetisch orientiertes Brauchtum, das
inzwischen überkonfessionelle, ja mancherorts sogar das Christentum übergreifende Züge trägt.
Seine Popularität hat Martin nicht nur der geschickten Verknüpfung
seines Gedenktages mit dem Herbstbrauchtum zu verdanken, sondern auch dem Geschlecht der Merowinger. Diese haben den
Heiligen zu ihrem Hausheiligen gekürt. Der halbe Mantel Martins
kam unter den Merowingern zu hohen Ehren, erhielt eine eigene
Kapelle, wurde ein Reichsheiligtum, das bei den Schlachten mitgeführt wurde. Vor allem aber fand Martin sich als Patron zahlreicher
Kirchen wieder, die von diesen Franken in eroberten und neu besiedelten Gebieten gegründet wurden. Zeichnete man in eine moderne
Landkarte alle Martinskirchen ein, könnte man gut das alte fränkische Einflussgebiet erkennen.
Weil Martin ungeheuer populär war und heute noch ist, wurde er
nicht nur für Kirchen und Bistümer zum Patron, sondern Namen

Der heilige Martin und
der Bettler
Skulptur aus dem 13. Jh.
über dem Portal des Doms
von Lucca, Italien

gebend auch für Inseln und Familien. In
Frankreich ist Martin nicht nur ein geläufiger
Vorname, er ist auch der häufigste
Familienname. Martin nannten sich Päpste, aber auch Eltern gaben
ihren Söhnen den Vornamen Martin. So auch die Eltern des
Söhnchens, das am 11. November 1483 getauft wurde: Martin
Luther. Der Tagesheilige gab den Namen. Und auch dann, als der
Reformator Luther die Heiligenverehrung abschaffte, weil es seiner
Theologie zufolge keiner Heilsvermittler außer Jesus Christus
bedurfte, kam die Martinsverehrung in der evangelischen Kirche
nicht außer Brauch: Sie bezog sich einfach auf Martin Luther. Und
der wiederum wurde so stark verehrt, dass auch er Namen gebend
wurde: Martin Luther King ist ein Beleg dafür. So hat der heilige
Martin sich über den Reformator Martin bis zum ermordeten ame-
rikanischen Pastor einen Namen gemacht. Vielleicht wollte der
Heilige aber auch ein wenig listig zeigen, dass auch die, die ihm
wenig zutrauen, von ihm geprägt werden.
Als sich 1997 das Todesjahr des heiligen Martin zum 1600. Mal jähr-
te, dichtete der Bischof von Tours: „Toujours Martin de Tours" – all-

zeit Martin von Tours. Wie
wahr – und auf Französisch
reimt es sich auch noch!
Martin von Tours ist zeit-
überschreitend populär, weil
sich sein symbolisches Tun
selbst erklärt, weil es Tiefgang
hat und sein Brauchtum
facettenreich ist. Martin ist
zeitlos, weil sein Beispiel, das
er gegeben hat, zeitlos ist. Er
war und er bleibt ein Vorbild
für Klein und Groß.

Mantelteilung
Gemälde am Altarflügel
Hafling,
St. Katharina in der Scharte

107

Der heilige
Martin von A bis Z

ADVENT Seit dem Ende des 4. Jahrhunderts entsteht in Gallien eine von Fasten begleitete Zeit der Vorbereitung auf die Feier der Taufe, aus der sich dann die Adventszeit entwickelt. Weil dieses Adventsfasten früher mit dem Fest des heiligen Martin begann (Martinsquadragese), wurde am Vorabend der Fastenzeit noch einmal kräftig gefeiert, getrunken und gegessen.

BETTELN siehe gripschen.

CHLAMYS Originalbezeichnung für den römischen Offiziersmantel des heiligen Martin, der – im Gegensatz zu den heute zu sehenden roten – weiß gewesen sein muss. Die kaiserliche Garde, zu der Martin gehörte, trug weiße Mäntel. Erst später hat sich für die „chlamys" die Bezeichnung „cappa" eingebürgert.

DÜPPEKUCHEN (Dippedotz, Düppekooche, Duppes) Die „alternative Martinsgans", vor allem in und um das Neuwieder Becken, heißt „Düppekuchen", zu Hochdeutsch „Topfkuchen". Dies ist eine ausgesprochen schmackhafte Mahlzeit, die in einem Bräter aus Kartoffeln hergestellt wird. Die Feldfrucht Kartoffel verweist nicht nur auf ein früheres Arme-Leute-Essen, sondern auch auf das relativ geringe Alter dieser Mahlzeit.

11. 11. (ELFTER IM ELFTEN) Der 11. November, der Gedenktag des heiligen Martin, gilt heute zugleich als offizieller Karnevalsbeginn. Die Elf ist mit einer besonderen Symbolik belegt: Zum einen galt sie im Mittelalter als die Zahl der Maßlosigkeit, da sie die Überschreitung der von Gott gesetzten Zehn Gebote, der Vollkommenheit, symbolisiert. Zum anderen ist sie – vielleicht gerade deshalb – die Zahl der Narren, eine „Schnapszahl". Dass der Karneval am 11. 11. um 11.11 Uhr „ausbricht", ist allerdings eine „Entdeckung" aus der Zeit zwischen dem Ersten und dem Zweiten Weltkrieg. Dass der 11. November, der Tag von Martins Beisetzung (also nicht wie sonst

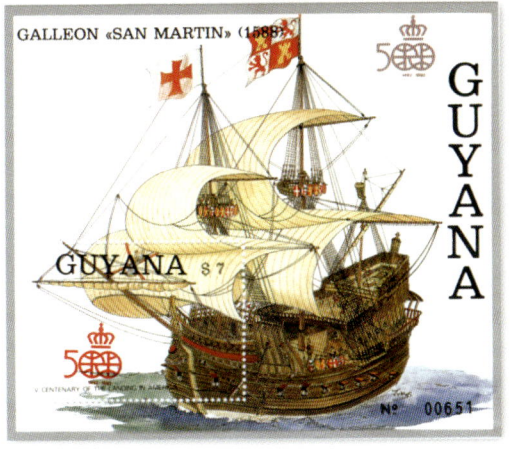

Alle Briefmarken aus der
Sammlung Hans Günter Schönen

meist üblich der Todestag, in diesem Fall der 8. November), als offizieller kirchlicher Feiertag von Sankt Martin gewählt wurde, dürfte mit Absicht geschehen sein: Offenbar „passte" der asketische Heilige besonders zu diesem Tag, der in der gallikanischen Liturgie Beginn der vorweihnachtlichen Fastenzeit (Martinsquadragese oder Adventfasten) war. Bei der – damals in Frankreich üblichen – sechswöchigen Fastenzeit (40 Tage, zurückgerechnet vom Tag Epiphanias [6. Januar] an; das Weihnachtsfest am 25. Dezember ist erheblich jünger) hatte der 11. November eine Bedeutung wie heute Aschermittwoch.

FAIRE LA SAINT MARTIN (frz.) oder MARTINER bezeichnet in Frankreich „gut essen und trinken".

FEUER Das Feuer leuchtet, wärmt, verbrennt und reinigt. Obwohl der Mensch als einziges Wesen „Gewalt" über das Feuer besitzt, war es ihm jahrtausendelang heilig, wurde bewacht und gehütet. Feuer symbolisierte die Sonne, die selbst als Gottheit galt und später durch andere Gottheiten abgelöst wurde. So bezogen die römischen Kaiser die aufgehende Sonne auf sich („sol invictus"). Die Christen übernahmen das Bild für Christus, die im Osten aufgehende Sonne – „ex oriente lux". Im Liturgischen spielt das Feuer eine besondere Rolle: bei der Altarweihe, beim Verbrennen von Weihrauch und Abbrennen von Kerzen, in der Osternacht beim Osterfeuer. Im Brauchtum, speziell dem Feuerbrauchtum, vernichtet das Feuer den durch Puppen symbolisierten Winter; Feuer bedeutet aber auch Segen beim Feuersprung: Johannis- und Martinsfeuer, Funkensonntag, Scheibenschlagen, Funkenschlagen usw. Das gleiche Feuer vertreibt die Dämonen und bösen Geister (Raunächte) und erleuchtet die Nacht.

FEUERSPRUNG bedeutet den Sprung von Menschen über ein Feuer (vgl. die Sprünge über das Johannisfeuer oder Martinsfeuer). Die

Kraft des Lichtes soll so gestärkt werden, dem Springer soll der Sprung Glück bringen. Die Felder sollen am Segen teilhaben. Die Erinnerung an den Feuersprung in verkleinerter Form hält das Martinslied „Lasst uns froh und munter sein" fest: „Springen woll'n wir kreuz und quer übers liebe Kerzchen her". Der Sprung über die Kerze hat vor allem in den Städten, wo die Martinsfeuer wegen der großen Feuergefahr verboten wurden (Münster 1705), den Sprung über ein großes Martinsfeuer abgelöst. Wahrscheinlich hat der Königssprung niederländischer Kinder den gleichen Hintergrund.

FUNKENTAG Wegen der Martinsfeuer Bezeichnung für den 10. November, den Martinsabend (15. Jahrhundert, Moers).

GÄNSMARTIN Im Eichsfeld unterschied man drei bekannte Heiligen- und Schmaustage: Hasenbartl, Gänsmartin und Schweinethomas.

GANS(E)LSONNTAG Bezeichnung für den Martinstag, wenn er auf einen Sonntag fällt, oder für den Sonntag nach dem Martinstag. Mancherorts mussten die jungen Burschen an diesem Tag ihre Mädchen zum Tanz führen und mit Gänsebraten bewirten. Wer sich drückte, hatte mit Repressalien zu rechnen.

GEBILDEBROT Bezeichnung für Gebäcke zu bestimmten (religiösen und festlichen) Anlässen in bestimmten Formen. Die aus Teig geformten Backwaren stellen Menschen, Heilige, Phantasiegestalten, Tiere, Symbole und Ornamente dar. Diese „Brote" werden an Tagen geschenkt und gegessen, die zu dem Versinnbildlichten in Beziehung stehen. Gebildebrote/Gebildegebäcke symbolisieren Wünsche, das Fest, Gelübde, Opfer oder Beschwörungen. Vgl. Lutherbrötchen, Martinsbrezel, Martinshörnchen, Weckmann.

GRIPSCHEN Gripschen (von ndt. „griepen", greifen, erhaschen) bezeichnet regional das Heischen der Kinder beim Heischegang zu

Martini (weitere Begriffe sind: „betteln", „schnörzen"). Der 11. November war als Erntefesttag von jeher ein Tag, an dem Geschenke ausgeteilt wurden. Was lag näher als die Übernahme dieses vorchristlichen Brauchs, zumal der Tagesheilige das Symbol christlicher Wohltätigkeit schlechthin war! Ein Beleg für die alte Tradition der Geschenke an Sankt Martin sind die „Martinspennige", die bis 1246 in Mönchengladbach an das Kölner Stift St. Gereon, später an den Pfarrer, gezahlt wurden. Noch 1633 ist in Mönchengladbach Martini als Geschenktag lebendig: Die Soldaten auf dem Liedberg (Burg im Kreis Neuss-Grevenbroich) erhielten an Martini 6 Taler und 12 Albi, um den Tag würdig zu feiern. Ein alter Beleg für das Gripschen der Kinder findet sich um 1525 in Köln: Hier zogen die Kinder am Vorabend von Martini singend von Tür zu Tür und erhielten, was vom Essen übrig geblieben war.

HANSELMANN   Siehe Weckmann.

HEFEKERL   Siehe Weckmann.

HEISCHEBRAUCH   Heischebräuche sind auf der ganzen Welt verbreitet. Zu bestimmten Terminen, den Heischetagen, dürfen Kinder und Arme in einem meist standardisierten Ritual, oft verbunden mit Liedern, Spielen, Lärmbrauchtum, um Gaben bitten = heischen. Die Gaben sind Gebildebrote, Obst, Nüsse, Süßigkeiten oder Geld.

HEISCHEGANG   Bitten oder betteln hieß früher „heischen" und war für Kinder und Arme an bestimmten Festtagen im Kirchenjahr üblich. Das organisierte Heischen mehrerer wird als Heischegang bezeichnet.

HEISCHELIEDER   Zum Ritual des Heischegangs gehören Lieder, mit denen die Heischenden ihren Anteil erbitten. Dieser Liedtyp dürfte älter als die christliche Martinsfeier sein.

HIRTENSPRÜCHE   Die Hirten galten von altersher als mit der Natur verbunden und als Kenner der Naturgeheimnisse. Zu Martini überreichten sie dem Bauern die „Martinsgerte" (oder Martinigerte) mit einem besonderen Spruch, dem Hirtenspruch, der Heil und Segen verhieß, wenn sich der Bauer an bestimmte Regeln hielt. Natürlich erwartete der Hirt als Belohnung auch festliche Speise und köstlichen Trank. Nach Friedrich Panzer, 1855, sprach der Rinderhirt in der Gegend von Landau: „Im Namen Godes trid i herein, im Namen Godes trid i wida hinaus; God behiate eur Haus, eur Haus und eurn Hof, eure Schwein! Alles soll gesegnt sei, mit kiarniga Tropfen Wei, mit halinga Himelsbroud, das is der zwelf Junger ihre Gob. Der kleine Mo wurd früa aufsta, wurd traibm sei Vichlein auf de Waad, auf de Waad und auf de Wis, auf ainen greana Bam. Da kam der hali Petrus mit ’m Himelschlüssel und spiat den Wuidbern seinen Riassel, und seinen Zorn, daß er eam ko kaa Häuti net zraissn, kaa Blüatl net lassn. Darum bitn mier ze dem halign Mo, der auf ’m halign Kreuz gstanden is, hilf uns God Vater, God Su, God halige Geist!" In Etzendorf erscheint der heilige Martin anstelle des heiligen Petrus: „Kimt der hali sanct Mirta, mit seiner Girta! So vil Kranawittbir, so vil Ochsn und Stir! So vil zwai, so vil Fuada Hai! Steckt ses hintar ’n Küabarn, nach werd af ’s Jar kaa Kua velarn; und steckt ses hinte de Stalltür, treibts af ’s Jahr mit Fraidn herfür." In Haader sprach die „Hüatkasperin", also die Frau des Dorfhirten Kaspar Hirsch: „Es kommt da Hirt mit seiner Girt. Für dieses Jahr ist ausgehüat. Ham g’hüat unta Dist’ln und Dorn. Da hat d’ Hüaterin ihr rotseides Tüachl verlorn. Nehmts dö Gart und steckts ös hinta d’ Tür. Und bringts ös aufs Jahr mit Freuden wieda hervür." In Inkofen sprach die „Hüatnanni": „Schickt enk da heilö Martinö an Gart hinta d’ Tüar, ziagts ös aufs Jahr na wieda hervür."

IKONOGRAPHIE   Die Ikonographie systematisiert die Darstellungsformen und die Attribute der Heiligen in Malerei und Skulptur. Sie

befasst sich mit den – oft widersprüchlichen Verwendungen – von Allegorien, Symbolen und Zeichen. Am Beispiel des heiligen Martin: Seine Darstellung erfolgt meist als soldatischer Reiter, der – auf seinem weißen Pferd sitzend – seinen Mantel teilt. Vor dem Pferd kniet oder steht ein wenig bekleideter „frierender Bettler". In dieser Darstellungsform findet sich sowohl die ältere elegante römische Stereotype des alles beherrschenden Reiters wieder wie das mittelalterliche Ideal des Ritters, der sein ständisches Selbstverständnis mit der ritterlichen Devise des „Ich dien'" verband. Seltener wird Martin als Bischof dargestellt, dem als Attribut eine Gans (Martinsgans) beigestellt wird.

JAHRESFEUER Bezeichnung für die Feuer zu Neujahr, Ostern, Johannes und Martini. In einzelnen Landschaften gibt es weitere Feuer wie z. B. zu Invocabit bzw. Funkensonntag.

KAPELLE Für den Mantel des heiligen Martin, den dieser als römischer Offizier getragen hat, hatte sich die Bezeichnung „cappa" oder „cap(p)ella" (Verkleinerungsform) eingebürgert. (Im Mittellateinischen bedeutet das Verb „cappare": zum Mantel machen, mit einem Mantel versehen; „cappula" kann das „Mäntelchen", aber auch das „Käppchen", die Kappe, bedeuten.) Der Ort, wo die Cappa des heiligen Martin aufbewahrt wurde, die Palastkapelle in Paris, erhielt ihren Namen nach ebendieser Cappa und wurde zur „cap(p)ella" (Kapelle), der zuständige Geistliche zum „cap(p)ellanus", Kaplan. Heute meint Kapelle eine kleinere Kirche ohne Pfarrrechte und ohne Pfarrer, aber auch die Musiker der Kirche (und heute auch andere Musiker) heißen so. Auch die Gesamtheit der Ornate für ein Hochamt nennt man Kapelle.

KLASENMANN Siehe Weckmann.

KORBSCHÜTTETAG In Holland stellten die Kinder die gesammelten Äpfel, Nüsse und das Gebäck in Körben dicht neben das

Martinsfeuer. Sobald die Körbe Feuer zu fangen drohten, wurden sie ausgeschüttet und alle Kinder stürzten sich auf die Gaben. Die brennenden Körbe sind dabei Symbole des vergangenen Sommers, der nun unwiederbringlich „verbrannt" ist, der aber seine Früchte ausgeschüttet hat.

LEBENSRUTE   Das Berühren (kindeln, pfeffern, pfitzeln, schlagen) mit einer grünen Gerte (Martinigerte), Rute, (Narren-)Pritsche, Pfefferlesrute ist eine alte Fruchtbarkeits- und Segensgeste. Übertragen wird die frische Kraft der Natur, bei der Fruchtbarkeit Segen bedeutet.

LEDIGENMARKT   Siehe Martinimarkt.

LICHTERTAG   Als Lichtertage gelten Lamberti, Martini und Lucia.

LICHTERUMZÜGE   Lichterumzüge der Kinder z. B. zu Lichtmess, Martini, Lamberti oder Lucia oder Feuer wie z. B. Martinsfeuer, Johannisfeuer, Königsfeuer usw. haben ihren Ursprung meist in liturgischen Lichterprozessionen.

LICHTSYMBOLIK   Christus selbst hat sich als das Licht der Welt bezeichnet (Johannes 8,12). Das Johannesevangelium ist ganz wesentlich durch diese Lichtsymbolik geprägt. Christus als aufgehende Sonne, als derjenige, der Licht ins Dunkel bringt, nimmt uralte Metaphern auf, die schon für Jahwe, den Gott Israels, gegolten haben: Als Feuersäule beschützt Gott die Israeliten beim Auszug aus Ägypten, im brennenden Dornbusch begegnet Gott dem Moses. Die Verklärten strahlen laut Bibel ein überirdisch helles Licht aus. Das Licht ist erstens eine Metapher der Nächstenliebe und zweitens der Vorsicht und Erwartung: Vor allem Kerzen symbolisieren die Nächstenliebe, weil sie Licht und Wärme spenden und sich selbst dabei für andere verbrauchen. Im Gleichnis von den Klugen Jungfrauen (Matthäus 25,1–13) versinnbildlicht die brennende

Laterne die ständige Bereitschaft, die permanente Erwartung des Herrn. In diesem Zusammenhang stehen auch die Kerzenopfer.

LICHT- UND SPINNSTUBENZEIT   Die Eröffnung der Licht- und Spinnstubenzeit am Martinstag gründete nicht nur in den langen Abenden der dunklen Jahreszeit, die – weil sie keine Feldarbeit mehr zuließen – in anderer Form wirtschaftlich genutzt wurden. Man ging zwar „z' Licht", um nur eine Licht- und Wärmequelle für viele zu nutzen, aber wohl auch, weil die Spinnstube – Lichtstube, Kunkelstube, Lichtkarz, Nachtkarz – zugleich ein Ort war, wo sich beim lockeren Miteinander trotz sozialer Kontrolle diskret Partnerschaften anbahnen, eben kunkeln, ließ. Nach der Arbeit boten Spiel, Gesang und Tanz genügend Anlässe zum Kennenlernen, das sich durch ein Heimgeleit im Dunkeln vertiefen ließ. Der Volksmund formulierte nicht ohne Grund: Im Dunkeln lässt sich gut munkeln. In Schwaben wusste man: Weit heim – lang schee! Traditionstermine, an denen in der Spinnstube gefeiert wurde, waren die Andreasnacht am 30. November, früher der Übergang zum neuen Kirchenjahr, weshalb Orakelbräuche üblich waren, und die Thomasnacht am 21. Dezember, die als längste Nacht des Jahres gleichfalls Wendecharakter hatte. Der leicht zu erahnende Inhalt der Nächte ergibt sich auch durch ihre Bezeichnung als Durchsitz- oder Durchspinn-Nacht; der Getränkekonsum wird durch die im Schwarzwald verbreitete Bezeichnung des Morgens danach etikettiert: Kotzmorgen! Martini als Beginn der Spinnstubenzeit korrespondiert mit Lichtmess (2. Februar). Redewendungen lauten entsprechend: „Sankt Martin macht Feuer ins Kamin; dann, o Mädel, greif zum Rädl", oder: „Lichtmess, 's Spinne vergess." Etwas deftiger formulierte man am Niederrhein: „Um Martin schlachtet der Bauer sein Schwein, das muss bis zu Lichtmess gefressen sein." Lichtmess beendete nicht nur die zu Michaeli begonnene Kunstlichtzeit, auch die Spinnstubenzeit war zu Ende.

LUTHERBRÖTCHEN Bezeichnung für die Martinshörnchen in manchen evangelischen Gegenden. Durch die Umbenennung wird verdeutlicht, dass das Festtagsgebäck nicht auf den heiligen Martin, sondern auf den nach dem heiligen Martin benannten Martin Luther deutet.

MAL DE SAINT-MARTIN (frz.) Bezeichnung für Kopfschmerzen und Magenbeschwerden infolge von übermäßigem Essen und Trinken.

MANTELTEILUNG Die Teilung des Soldatenmantels mit dem Bettler und ihre – im Traum von Martinus geschaute – durch Christus selbst vollzogene Anerkennung als religiöse Liebestat wird als „Szene der Wohltätigkeit" bezeichnet. Der noch nicht Getaufte handelt konsequent nach Christi Auslegung von Gottes Liebesgebot: „Du sollst deinen Nächsten lieben wie dich selbst" (Markus 12,31; Matthäus, 22,39) und erfährt im Traum die Bestätigung von Christus: „Was du dem geringsten meiner Brüder getan hast, das hast du mir getan" (Matthäus 25,40).

MARTIN (Name) Der lateinische Vorname „Martinus" nimmt Bezug auf den Kriegsgott Mars. Man könnte den Namen übersetzen als „zum (Kriegsgott) Mars gehörend" oder „Kämpfer, Kriegerischer". Seit Martin von Tours (316/317–397), der als Bekenner und Heiliger galt, ist Martin ein christlicher Vorname. Martina ist die weibliche Form zu Martin. Unabhängig von Martin gibt es eine heilige Martina von Rom. In Frankreich ist Martin der häufigste Familienname, in Belgien steht er noch an fünfter, in Deutschland erst an 77. Stelle. Im Dialekt wird aus Martin auch Märte(s) oder Mää(r)te(s) (Vorname) oder Merten, Mertens (Familienname). Die Schreibweise „Martin" ist als Vorname in Deutsch, Englisch (Kurzform: Marty) und Französisch üblich. Im Niederländischen heißt der Heilige Maarten, in Skandinavien Marten oder Morten, im Italienischen Martino. Die

mit T(h)i- beginnenden Namensvarianten kürzen bei Martin die erste Silbe. Hier die wichtigsten Varianten zum Namen Martin: Maartens, Maerten, Maertens, Maertins, Mardt, Märt, Märt, Mart (e), (i), (n), Marte, Märten, Marten (ndl.), Martens, Märtens, Martensen, Marth, Martiens(s)en, Martienßen, Martin, Martina (weibl. Form zu Martin), Martinec (slaw.), Martineck (sorb.), Martinet (frz.), Martinetus (frz.), Martinetz (slaw.), Martini, Martiniecz (poln., tschech.), Martinius, Martino (it.), Martins, Martins, Martinus, Martis, Marttis, Marty (engl.), Martynek (sorb.), Mätes, Meertens, Merte, Mertel (Nürnberg), Mertelein, Merten, Mertens, Mertin, Mertle, Mertlein, Mertschin (sorb.), Mirtschin (sorb.), Mirtzin (sorb.), Morten, T(h)innes, Tinsch.

MARTINA Märtyrerin und Heilige der Frühzeit, die in Rom seit dem 7. Jahrhundert verehrt wird. Diese heilige Martina leitet ihren Namen nicht von Martin ab. Dennoch gibt es Martinas, die auf Martin von Tours Namenstag feiern.

MARTINER (frz.) oder **FAIRE LA SAINT-MARTIN** bezeichnet in Frankreich „gut essen und trinken". Vgl. Martinsminne.

MARTINI Aus dem Lateinischen („dies Sancti Martini" = Tag des heiligen Martin) abgeleitete Bezeichnung für den Festtag („Bauernfesttag") des Heiligen (11. November) im liturgischen Kalender. In der gallikanischen Liturgie war Martini der letzte Festtag vor der sechswöchigen (!) Advents- und Fastenzeit (Epiphaniasfastenzeit, Epiphaniasquadragesima, Quadragesima Martini, Weihnachtsfasten, Adventfastnacht), der – wie alle hohen Feiertag – mit der ersten Vesper am Vorabend, dem Lucernarium (d. h. Zeit des Lampenanzündens), begann.

MARTINIGERTE (Martinsgerte, Mertensgerte) An Martini überreichte der Viehhirte seinem Dienstherrn einen Birkenzweig, an dessen Spitze man einige Blätter ließ, ergänzt durch Zweige von Eiche

und Wacholder („Kranewitt"), der dann im Frühjahr zum Viehtrieb verwendet wurde. Die Martinigerte wurde am Tag der Epiphanie (6. Januar) geweiht und sollte beim Viehauftrieb den Tieren Schutz gewähren.

MARTINIKIRCHWEIH Kirchweihfest an Martini, wenn eine Kirche Sankt Martin zum Patron hat.

MARTINIMARKT Martinimärkte gab es nicht nur bei Kirchweih zu St. Martini, wenn das Patrozinium einer Kirche gefeiert wurde. Martinimärkte fanden auf dem Land auch statt, um Waren für Haus, Hof und Gesinde für die Winterzeit zu kaufen. Das landwirtschaftliche Gesinde bot seine Arbeitskraft bei dieser Gelegenheit neuen potenziellen Arbeitgebern an. Die Mobilität der ländlichen Bevölkerung hat inzwischen die meisten Martinimärkte verschwinden lassen. In Haslach im Kinzigtal/Schwarzwald heißt das Ereignis bis heute „Ledigenmarkt". Hier bieten sich aber nicht „Singles" an, vielmehr boten sich früher Knechte und Mägde an, die „ihrer Stellung ledig" waren und einen neuen Dienstherren suchten.

MARTINIRITT In Miltach im Bayerischen Wald veranstaltet man am Samstag nach Martin einen Martiniritt. Er geht wahrscheinlich auf ein Gelübde wegen einer Viehseuche im 18. Jahrhundert zurück.

MARTINISEGEN Der österreichische Martinisegen ist ein Spruchgut der Hirten, das bei Winterbeginn beim Heimtreiben der Tiere zur Anwendung kam. Der heimkehrende Hirte überreichte seinem Herrn dabei die Martinigerte, einen Zweig der Birke, Eiche, des Wacholders oder der Weide. Dieser Zweig wurde den Winter über aufbewahrt und im Frühjahr beim Viehaustrieb auf die Weide als Rute verwendet.

MARTIN LUTHER Der Reformator Martin Luther (1483–1546) hat durch seine Lehre den Heiligenkult abgelöst; im Bereich der prote-

stantischen Kirchen findet keine Heiligenverehrung statt. Insofern hat das relativ häufige Auftreten des Vornamens Martin in protestantischen Familien keinen direkten Bezug zu St. Martin, wohl aber zu Martin Luther. Für Martin Luther selbst, der, am 10. November 1483 geboren und am 11. November 1483 getauft, seinen Namen vom Tagesheiligen bekam, kann St. Martin aber nicht nur ein beliebiger Heiliger gewesen sein. Durch seine Zeit als Kurrendeschüler muss Martin Luther mit den Martinsbräuchen seiner Zeit vertraut gewesen sein.

MARTIN LUTHER KING Amerikanischer Pastor und führender Kopf der Bürgerrechtsbewegung (*1929, ermordet 1968).

MARTINSABEND Nach Sonnenuntergang wird am 10. November der Martinsabend begangen. Liturgisch gesehen beginnt ein Tag mit dem Sonnenuntergang des Vortages, der Martinstag (11. 11.) beginnt also mit dem Martinsabend (10. 11.). Gleiches gilt übrigens für Heiligabend oder Nikolausabend. Ein feierlicher Martinsumzug, bei dem St. Martin als Bischof oder Soldat zu Pferd und oft auch der Bettler mitzieht, gehört ebenso dazu wie die Mantelteilung und Martinslieder. Die Kinder tragen ihre Martinslampen mit sich. Nach Abschluss der Martinsumzuges ist in vielen Gegenden Deutschlands Gripschen angesagt.

MARTINSBRAUCHTUM In einem zeitgleichen Gegenwartsschnitt treten ganz verschiedene Schichten des Martinsbrauchtums, das jetzt fast das gesamte ehemals germanische Europa abdeckt, zu Tage: Im Rheinland hat sich das Martinsbrauchtum zunehmend vereinheitlicht und verkirchlicht, während sich in Nordwestdeutschland noch Reste von Maskenbräuchen, in Mitteldeutschland Umzüge und in Schlesien die Martinsgebäcke erhalten haben. In protestantischen Gebieten bezieht sich das Brauchtum auf Martin Luther (Erfurt: Zug der „Martinslichter"). In anderen Landschaften (Alpen,

Württemberg) ist der Bezug zum Heiligenfest kaum zu erkennen. In einigen Landschaften verband sich der Martinsbrauch mit dem Erntefest (Havelland, Alpen, zum Teil Rheinland). Es gab spielerische Wettkämpfe um die Martinsgans: Wie der Hahn wurden Gänse gerissen, geköpft, geschlagen und geschossen (Tirol, Schwaben) oder Martinsschweine zum Kampf aufeinander gehetzt (Würzburg).

MARTINSBREZEL Die Brezel (lat. „precedella") ist heute kaum mehr ein seltenes Festtagsgebäck, auch wenn sie vornehmlich an Festtagen gehäuft auftritt. Am Beginn unseres Jahrhunderts war der „Brezelbäck", der auf einer langen Stange seine Brezeln zum Verkauf anbot, keine Seltenheit. Noch heute werden am Sonntag „Laetare" in Rheinhessen und in der Pfalz traditionell Sommertagsumzüge durchgeführt, bei denen auf buntgeschmückten „Stecken" die „Sommertagsbrezeln" mitgetragen und anschließend verzehrt werden. Die Geschichte der Brezel reicht weit in das Dunkel der Vergangenheit zurück. Die wahrscheinlich in vorchristlicher Zeit zu kultischen Zwecken als Opfergebäck und Grabbeigabe hergestellten Salz- und Laugenbrezeln wurden vom Christentum adaptiert.

MARTINSBRUDERSCHAFT Unter den zahlreichen Bruderschaften des Mittelalters gab es auch Martins- oder Martinibruderschaften, die sich dem Andenken des heiligen Martin verschrieben hatten. Aus Martinsbuch ist ein Bruderschaftsbuch von 1791 erhalten.

MARTINSFASTEN Das 40-tägige Martinifasten bzw. die Quadragesima Sancti Martini, das Epiphanias-Fasten oder die Martinsquadragese, die die gallikanische Liturgie kannte, begann am 11. November und endete am 6. Januar. Durch die Verlegung des Weihnachtsfestes auf den 25. Dezember geriet das Adventfasten, die Adventquadragese, in Schwierigkeiten. Die Synode von Mâcon schließlich übernahm von der alten Adventquadragese die Regelung des Fastens für die Tage Montag, Mittwoch und Freitag im neuen Advent bis zum 25. Dezember.

MARTINSFEUER Die Lichterumzüge haben größtenteils die Martinsfeuer abgelöst. Wo man die Martinsfeuer noch abbrennt, wird das Feuer als Symbol verstanden: Es bringt Licht in das Dunkel, wie die gute Tat Martins das Erbarmen Gottes in die Dunkelheit der Gottesferne brachte. Der Ursprung des Martinsfeuers wird in den Riten der germanischen Wintersonnwendfeier und des germanischen Erntedankfestes vermutet: Ein Freudenfeuer, wie es auch zu anderen Anlässen angezündet wurde, zugleich aber auch ein reinigendes Feuer, in dem das vergangene Jahr verbrannt wurde: Der Sommer wurde verbrannt! Dieses „Sommerverbrennen" sollte daran erinnern, dass ein Zeitabschnitt unwiederbringlich vergangen war.

MARTINSFISCHER Einer Legende nach hat St. Martin einen hässlich schmutzig-schwarzen Vogel in einen der am schönsten gefiederten Vögel verwandelt. Der Eisvogel kam so zu dem Namen „Martinsfischer".

MARTINSGANS Heute kennen die meisten Menschen die Gänse im Zusammenhang der Rede von den „dummen Gänsen" – eine irrige Bezeichnung, die an der Wirklichkeit vorbeigeht. Weder sind die Gänse „dumm", noch haben sie in der geschichtlichen Tradition eine untergeordnete Rolle gespielt. In römischen Zeiten waren sie die Begleiter des Kriegsgottes Mars. Gänse sollen die Stadt Rom durch ihre Aufmerksamkeit und ihr warnendes Geschrei vor einem feindlichen Überfall bewahrt haben. Im germanischen Denken war die Gans Symboltier Wotans, Opfertier und Verkörperung des Vegetationsgeistes. Wer rituell eine Gans verspeiste, hatte Anteil an dessen Kraft. Für Köln wird aus dem Mittelalter berichtet: „Der Martinsabend war von jeher zu einem Festschmaus bestimmt. Das war auch seit alters in Köln so. Die Tafel schmückte als Hauptgericht die Martinsgans, knusprig gebraten und mit Äpfeln, Rosinen und Kastanien gefüllt."

MARTINSGEIGEN   So nannte man in Süddeutschland große Weißbrote, die am Martinstag in der Kirche geweiht und dann den Armen geschenkt wurden.

MARTINSHORN   Martinshorn nennt man die auf und ab heulende Fanfare bei Polizei-, Feuerwehr- und Rettungsfahrzeugen. Trotz des Namens hat sie aber nichts mit dem heiligen Martin zu tun. Benannt ist sie nach dem Familiennamen des Herstellers: Martin.

MARTINSHÖRNCHEN   Die ältere Brauchtumsforschung argumentiert: Von Martin werde erzählt, er habe als Soldat Wotans Mantel getragen. Deshalb verspeise man zu Ehren des Heiligen auch Martinshörnchen aus Hefeteig oder Mürbeteig, deren Hufeisenform an Wotans Ross erinnern solle. Ob sichelförmiges Gebäck tatsächlich als rituelles Opfergebäck auf Wotan zurückzuführen ist oder ob diese Gebäckform im Altertum aus dem Orient über Vorderasien, Ägypten oder Griechenland in den Okzident gelangte, scheint fraglich. Croissants sind nach einer – natürlich unbewiesenen – Legende erstmals zur Zeit der türkischen Belagerung in Wien gebakken worden und mit der Habsburger Prinzessin Marie-Antoinette, die den späteren französischen König Ludwig XVI. heiratete, nach Frankreich gekommen. Der Segen dieses Gebäcks entfaltet sich erst richtig, wenn es Freunden und Bekannten geschenkt wird! In manchen evangelischen Gegenden erhalten die Kinder das Martinshörnchen unter der Bezeichnung „Lutherbrötchen".

MARTINSKRANZ   siehe Martinsweck.

MARTINSKÜCHLEIN   Ein Schmalzgebäck, früher ein Buchweizenkuchen, das ebenso wie das Martinslaible, ein Hefezopf, vom Herrn dem Gesinde oder von Erwachsenen den Kindern geschenkt wurde.

MARTINSLAIBLE   siehe Martinsküchlein.

MARTINSLAMPEN (Mätesköppe, Meetesköppe, Martinsfackeln, Martinslampions, Martinsleuchten) Die Lichterumzüge symbolisieren das Martinsfeuer, das sie vielerorts ablösen: Die Lichterumzüge bringen Licht in das Dunkel. In ländlichen Gebieten wurden früher und werden heute noch Martinslampen aus Kürbissen und Runkelrüben („Fruchtleuchten") hergestellt. Es wird ein Deckel abgeschnitten, die Frucht ausgehöhlt, ein Gesicht in die Außenhaut geritzt, eine Kerze eingesetzt und der Deckel wieder aufgesetzt. Die auf einen Stock gespickte oder an einen Stock gehängte Laterne lässt sich einfach herstellen und – bei Bedarf – leicht erneuern. Die Lichterumzüge haben ihr Vorbild in der liturgischen Lichterprozession (Lucernarium, d. h. Zeit des Lampenanzündens) während der ersten Vesper am Vorabend eines hohen Feiertages.

MARTINSLIEDER In Martinsliedern wird das Andenken des Heiligen – seit dem 14. Jahrhundert – gepflegt. Es sind zahlreiche Martinslieder erhalten, die Leben und Wirken des Heiligen zum Gegenstand haben. Die meisten dieser Lieder sind um die Jahrhundertwende im Zuge der Wiederbelebung der Martinsfeiern entstanden. Einige greifen altbekannte Melodien auf. Die alten Martinslieder stammen aus der Vagantenpoesie des Mittelalters. Lieder, die bis vor kurzem noch in der Altmark gesungen wurden, werden auf ein Alter von 750 Jahren geschätzt. Hauptsächlich kommen Martinslieder im Rheinland und am Niederrhein, in den Niederlanden und Flandern vor.

MARTINSMAHL Bezeichnung für ein förmliches Zusammentreffen und eine feierliche Mahlzeit der Gemeindeältesten, der Familie oder der Hausgenossen (Harz). So berichtet z. B. der Kölner Ratsherr Hermann von Weinsberg für den 10. November 1571: „. . . auf St.-Martins-Abend hatten wir unsere Kinder bei uns zu Gast und sind fröhlich gewesen und haben gesungen die halbe Nacht durch."

MARTINSMANN Umgangssprachlich für die als Sankt Martin verkleidete Person; zugleich aber auch spöttisch für denjenigen, der sein Hab und Gut verprasst hat.

MARTINSMÄNNCHEN (Martensmännchen) Statt Sankt Martin zu Pferd erscheint mancherorts im Sauerland auch das Martensmännchen, ein verkleideter Junge oder ein verkleidetes Mädchen, das den Kindern, die richtig beten können, Nüsse und Äpfel zuwirft. In diesem Brauch zu Martini ist ein älterer Vorläufer des Martinsumzugs zu sehen. Noch um 1800 zogen in Köln und Düsseldorf „Martinsmännchen", auf den Schultern eines Jungen sitzend, geführt von zwei weiteren Jungen mit Rübenfackeln, mit der Jugend der Nachbarschaft oder der gesamten Pfarrjugend heischend von Haus zu Haus.

MARTINSMINNE Die Wendung „Martinsminne trinken" bezeichnete am Martinsabend in Köln das Trinken vom neuen Wein des Jahres zum Gedenken an den heiligen Martin. Der Brauch knüpft an eine Legende an: Martin soll dem schwedischen König Olaf Tryggvason im Traum erschienen sein und von ihm gefordert haben, er solle nicht mehr die Götter Thor, Wotan, Odin und andere Asen durch Trankopfer ehren, sondern die Martinsminne statt der Odinsminne einführen. In Deutschland verwischt die Nähe von Martini und Erntebrauchtum die eindeutige Herkunft dieses Brauchs.

MARTINSRING siehe Martinsweck.

MARTINSSACK Am Niederrhein war es Sitte, am Martinsabend an der Decke eines Raumes eine mit Zuckerwerk, Äpfeln, Nüssen, einigen Kartoffeln und Rüben gefüllte Tüte, den Sankt-Martins-Sack, aufzuhängen. Am unteren Ende waren lange Papierstreifen befestigt. Nachdem die Kinder unter dem Martinssack gesungen und getanzt hatten, wurde das Licht gelöscht. Man zündete die Papierstreifen an.

Sobald die Tüte aufplatzte und die einzelnen Gegenstände herabfielen, mussten die Kinder im großen Durcheinander danach greifen. Kartoffeln und Rüben waren die „Nieten" bei diesem Spiel.

MARTINSSCHIFFCHEN   Aus Mürbeteig wurde in Schiffchenform ein – oft mit Rosinen gefülltes – Gebäck hergestellt, das die Schulkinder zu Sankt Martin dem Lehrer übergaben. Zu Zeiten, in denen Schulgeld in Naturalien gezahlt wurde, bedeutete diese Übergabe die Anerkennung und Honorierung der Lehrtätigkeit.

MARTINSSCHLACHTEN   Das Schlachten am Vorabend zu Martini hatte mehre Gründe: 1. Das Martinsfest war ein „Schwellentag" vor der Fastenzeit, 2. die anbrechende Fastenzeit begründete die Notwendigkeit einer Reduzierung des Tierbestandes, der nicht insgesamt durch den Winter gefüttert werden konnte, 3. die vorhandenen Lebensmittel, die nicht „fastenzeittauglich" waren, mussten verbraucht werden, wollte man sie, was in diesen Zeiten undenkbar war, nicht wegwerfen. Fleisch, Fett, Schmalz, Eier, Laktizinien (Milch, Butter, Käse) mussten aufgebraucht werden. Dies ließ sich am leichtesten und am vergnüglichsten durch Fest und Feier mit entsprechenden Ess- und Trinksitten erreichen. Die tagestypischen Speisen enthielten reichlich das, was in der kommenden Fastenzeit verboten war. Schmalzgebackenes und Pfannkuchen – landschaftlich mit unterschiedlichen Namen versehen – standen (wie zur Fastnacht!) im Mittelpunkt: Krapfen, Martinshörnchen, Martinsschiffchen (im Hohenlohischen: Märtesschifflich).

MARTINSSCHWEINE   Im Würzburgischen wurden zu Martini Martinsschweine zum Kampf gehetzt. Andernorts standen Gänse im Mittelpunkt der Martinsspiele.

MARTINSSINGEN   Gabenheischender Ansingebrauch (siehe Heischelieder, Gripschen) zu Sankt Martin. Die Heischegänge und die

Heischelieder haben auf dem Land ihren Ursprung in den Hirtensprüchen und der Überreichung der Martinigerten. In den Städten sammelten die Kinder dagegen Brennmaterialien für das Martinsfeuer und freuten sich über die zusätzlich überreichten Schleckereien.

MARTINSSPIEL Seit dem 19. Jahrhundert ist das Martinsfest vielfach zu einem katechetisch genutzten Kinderfest geworden. In vielfältigen Formen wird der Inhalt des Festes szenisch dargestellt. Wichtig ist dabei, den Kindern nicht nur das historische Geschehen vorzuführen, sondern es auch zu aktualisieren, d. h., es in die Gegenwart zu übersetzen und Beispiele vorzustellen, was etwa „Mantelteilung" heute heißt und wie auch heute ein Kind wie Martin „den Mantel teilen" kann.

MARTINSTAG 1810 Der Martinstag im Jahr 1810 war ein ganz besonderer Tag. Auf diesen Tag fiel das Ende der Leibeigenschaft, ein Ergebnis der Reform des Freiherrn von Stein. Menschen, die bisher abhängig von einem Grundherrn waren, gebunden an dessen Land, ohne dessen Erlaubnis sie nicht einmal heiraten durften, durch Zinsen, Verpflichtungen zu Hand- und Spanndiensten belastet, waren ab nun frei und ungebunden.

MARTINSTALER Bezeichnung für das Handgeld, mit dessen Annahme sich eine Magd oder ein Knecht zu Martini in den Dienst bei einem neuen Herrn begaben.

MARTINSUMZUG Zum Martinsumzug am Martinsabend gehört eine verkleidete Person, die den heiligen Martin auf einem Schimmel darstellt; oft ist auch ein „Bettler" dabei, immer aber eine große Kinderschar (und ihre Eltern), die singend durch die Stadt/Gemeinde ziehen. Um den rechten Takt zu finden, wird der Gesang oft von einer Blaskapelle unterstützt. Die Kinder tragen bei dem Umzug ihre – meist selbst gebastelten – Martinslampen und Martins-

fackeln. Der Martinsumzug findet seinen Abschluss vielfach durch die Mantelteilung oder durch ein Martinsfeuer. Der Lichterumzug hat ein liturgisches Vorbild: das Lucernarium, die Lichterprozession zur ersten Vesper des Vortages, wie sie an hohen Festtagen üblich war.

MARTINSVÖGEL   In Kindersprüchen, die das Garbenopfer auf dem Feld begleiten, werden die Martinsvögel genannt. Der Name bezeichnet zunächst im 14. Jahrhundert einen Ritterbund. Volkssprachlich werden damit Marienkäfer, Gans, Schwarz- und Buntspecht bezeichnet (auch der Martinsfischer, der Eisvogel). Die Kinder formulieren: „Sünner Mertens Vögelken heff so'n rot Kögelken, heff so rot Röcksken an."

MARTINSWECK(EN)   (auch: Martinsring, Martinskranz) Er besteht aus Hefeteig und „dingt das Neujahr an": Das Gebäck schenkte ein junger Mann seinem Mädchen und forderte dieses damit auf, ihm am Neujahrstag ein (Gegen-)Geschenk zu übergeben. An der Art des Geschenks konnte er erkennen, ob und wie seine Gefühle erwidert wurden – eine spielerische Form, sich ohne tief greifende Verpflichtung nahe oder näher zu kommen. Die Symbolik nutzte natürlich auch die Quantität: Je größer der Weck, desto größer die Liebe!

MARTINSWEIN (Märteswein)   Martinswein trinken die Winzer, oft in Form eines festlichen Banketts, um für das nächste Jahr um eine gute Ernte zu bitten. Da der Most in dieser Zeit ausgearbeitet hat, wurde zu Martini der neue Wein „getauft", d. h., der Heurige wurde gekostet (Weinprobe). Es galt der Spruch: „Heb an Martini, trink Wein per circulum anni (das Jahr hindurch)."

MARTINUS AESTIVUS   Teilweise wurde der heilige Martin im Mittelalter derart verehrt, dass den Menschen ein einziges Fest des Heiligen nicht genügte. Neben dem „Winter-Martini" am 11. November (Martinus hiemalis) feierte man noch am 4. Juli den Tag von Martins Bischofsweihe (Martinus aestivus).

MARTIN VON TOURS Geboren um 316/317 als Sohn eines römischen Offiziers. Selbst Offizier geworden, tritt Martin zum Christentum über und aus der Armee aus. Er lebt als Einsiedler, Mönch und Klostergründer, bis er zum Bischof von Tours berufen wird. Martin erlangt Berühmtheit als Heidenmissionar und Wundertäter. Gestorben ist er am 8. November 397, gedacht wird seiner an seinem Beerdigungstag, dem 11. November.

NÜSSE Nüsse eignen sich nicht nur als lagerfähiges Nahrungsmittel für die Winterzeit, sie sind – roh oder verbacken – ein nahrhaftes und begehrtes „Schmankerl" oder „Leckerchen". In der Symbolik gelten sie als Zeichen für Gottes unerforschlichen Ratschluss: Gegenwart und Zukunft geben uns – bildlich gesprochen – manche Nüsse zu knacken. Entsprechend formuliert der Volksmund: „Gott gibt die Nüsse, aber er knackt sie nicht." Früher wurden Nüsse auf einen Faden gezogen und in den Weihnachtsbaum gehängt. Besonders vergoldete Nüsse zeigen an, dass das Leben zwei Seiten hat: den im Innern verborgenen Kern und das strahlende Äußere. Im Gebäck zeigen Nüsse den Reichtum göttlicher Gnade an. Viele Weihnachtsorakel sind mit Nüssen verbunden: In Schlesien bekam jeder nach dem Weihnachtsessen vier Nüsse überreicht. Jede Nuss symbolisierte eine Jahreszeit. Taube Nüsse kündigten Missgeschick und Unglück an. In Bayern war es ähnlich: Mit zwölf Haselnüssen bezog sich die „Vorhersage" allerdings auf die zwölf Monate des Jahres.

PALLIO COOPERIRE Das „Unter-dem-Mantel-Bergen" stellt ein Phänomen dar, bei dem eine profane Rechtssymbolik auf ein himmlisches Schutzverhältnis übertragen wird. Das „pallio cooperire" bedeutet im römischen Recht Schutzgewährung bei Adoption und Legitimation von Kindern und war Symbolik bei der Herrscherinvestitur. Das „Zeichen des Schutzes, ... der Mantel des Himmelsgottes" findet sich im Rom der Kaiser, gleichfalls als Symbol für

Zuflucht und Schutz im weltlichen Recht. Der Mantel als Rechtssymbol wird in weltlicher und religiöser Deutung benutzt. Ezechiel lässt im Alten Testament einen Adoptionsvorgang symbolisch vollziehen: „Ich breite meinen Mantel über dich" (Ezechiel 16,8), und Ruth bittet Boas, „den Saum deines Gewandes über deine Magd zu breiten" (Ruth 3,9). Im Tympanon des Gerichtsportals an der Westfassade der Kathedrale von Autun verbirgt sich eine Seele unter dem Mantel des Erzengels Michael. Die Karolinger begaben sich sprichwörtlich unter den Mantel des heiligen Martin, und symbolisch tat das auch Gregor von Tours, der den Heiligen bat, er möge ihn beim Gericht nicht nur schützend hinter seinem Rücken bergen, sondern ihn auch mit seinem Mantel bedecken. Große Bedeutung bekam das „pallio cooperire" im Zusammenhang mit der Gottesmutter Maria, deren Mantel auch Schutzmantel für Jesus gewesen war. Die Schutzmantelmadonna war ein großes Thema der hoch- und spätmittelalterlichen Frömmigkeit, besonders gefördert von den Mendikanten (Bettelorden). Noch heute singt man in der katholischen Kirche: „Maria, breit den Mantel aus, mach Schutz und Schirm für uns daraus ..." Auch die heilige Ursula bietet denen, die ihre Hilfe erflehen, Schutz unter ihrem Mantel.

PFERDEHEILIGER   Als Reitersoldat wurde Martin seit alters auch als Pferdeheiliger verehrt. Pferdesegnung und Martiniritt sind Kennzeichen dieses Tages. Als Schützer und Beherrscher der Haustiere erscheint Martin schon im „Wiener Hundesegen" des 10. Jahrhunderts. In der Oberpfalz werden zu Martini die Pferde benediziert. Im Tannheimer Tal werden die Pferde am Mittag um 12 Uhr dreimal um die Martinkapelle von Innergschwend geritten. Wundertätige Martinbilder werden besonders in Frankreich, aber auch in Tirol und der Schweiz verehrt. Als Pferdeheilige galten aber auch Gregor (Gregoriritt), Leonhard (Leonhardiritt), Quirinus, Stephanus (Stephaniritt), Ulrich (Ulrichsritt) und Wendelin (Wendelinritt), die alle mit einem Umritt geehrt werden.

PIEPENKERL Siehe Weckmann.

PRINTENMANN Siehe Weckmann.

PUHMANN Bezeichnung für den Weckmann im Bergischen Land und im Ruhrgebiet. Der Begriff wird auch in der Bedeutung „Angsthase" oder „Blödmann" gebraucht. Vgl. Weckmann.

RUMMELPOTT Mittelalterliches Lärminstrument, das beim Heischen mitgeführt wurde. Es bestand aus einem Tontopf, der – zum Teil – mit Wasser gefüllt und mit einer eingeweichten Schweinsblase überspannt war. Durch die Schweinsblase zog man ein „spanisches Rohr" auf und ab, sodass sich ein grunzendes Geräusch ergab.

SANKT MARTIN Sankt (von lat. „sanctus") bedeutet „heilig" und kennzeichnet verstorbene Personen, die in der katholischen Kirche „zur Ehre der Altäre" gelangt sind, also der Kirche als heilig gelten und/oder heilig gesprochen wurden und deshalb in Gottesdiensten an einem besonderen Gedenktag (meist Todestag) angerufen werden. Nach Gregor von Tours, dem neunzehnten Bischof in Tours von 573 bis 594, hatte schon Perpetuus, der sechste Bischof von Tours (um 461 bis 491), der anstelle des Oratoriums über dem Grab des Martinus eine Basilika errichtete, die liturgische Verehrung von Sankt Martin angeordnet. Nachweislich wurde der im Volksglauben „apostelgleiche" Martinus im 5. Jahrhundert bereits als Heiliger angerufen. Besonders häufig ist Sankt Martin im Trierer und Kölner Raum als Kirchenpatron und Volksheiliger anzutreffen, wo er auch im Volksbrauchtum lebendig blieb. (In der Stadt Köln war Martinus sogar Patron von zwei Kirchen: Groß Sankt Martin, ehemals auf einer Rheininsel gelegen, war ein vorkarolingisches Schottenkloster; Klein Sankt Martin wurde eine der fünf Altstadtkirchen genannt.) Als Schutzpatron tritt Sankt Martin bei Ländern und Armeen, Rittern, Soldaten, Reisenden, Flüchtlingen, Huf- und Waffen-

schmieden, Alpenhirten, Bettlern, Tuch-, Kappen- und Handschuh-machern, Webern, Gerbern, Schneidern, Bauern, Hirten, Winzern, Gastwirten, Hoteliers, Müllern, Zechern (!) und Tieren (Pferden, Hunden, Vögeln) auf. In Deutschland gibt es zwar nur ein Sankt Martin in der Pfalz, aber wenigstens 21 Orte bzw. heutige Ortsteile, die sich nach dem heiligen Martin benennen.

SCHIMMEL   Traditionsgemäß reitet der heilige Martin beim Mar-tinszug auf einem Schimmel, obwohl die erste und authentische Martinsbiographie den Heiligen nicht mit einem Pferd oder gar Schimmel in Verbindung bringt. Martinus hat auch keine Nähe zu den „Schimmelreitern" Odin oder Wotan. Der Schimmel ist Attribut des Heiligen (wohl aufgrund von Geheime Offenbarung 19,11–14), so wie er Attribut des christlichen Kaisers war. Gegen-über dem Rappen symbolisiert der Schimmel das gute Prinzip, wes-halb er auch von tugendhaften Menschen geritten wird. Aus dem gleichen Grund ist der Schimmel auch Reittier des heiligen Nikolaus.

SCHLACHTFEST   Zu Martini verloren nicht nur Gänse ihr Leben. In manchen Gegenden war der 11. November der Beginn der Schlachtzeit und der Tag wurde als Schlachtfest gefeiert. Der November galt als Schlacht- und Schmeermonat; Martini wurde als Speckmärten bezeichnet.

SCHLAMPERWOCHE   Die letzten acht Tage des bäuerlichen Arbeits-jahres – im übertragenen Sinn „Martinioktav" genannt – galten für die Mägde und Knechte als Freiraum, in denen nur noch das unum-gänglich Nötigste getan werden musste. In der Schlamperwoche oder Schlumwoche trug man das Sonntagsgewand, aß und trank und besuchte Freunde und Verwandte. Die Mägde durften auch für sich in der Spinnstube arbeiten (vgl. auch Licht- und Spinnstubenzeit).

SCHNÖRZEN   Siehe gripschen.

SOMMERFEST DES HEILIGEN MARTIN   In alter Zeit wurde nicht nur das Winterfest (Martinus hiemalis) des heiligen Martin (Tag der Beisetzung des Heiligen, 11. November) gefeiert, sondern auch das Sommerfest, (Martinus aestivus), der 4. Juli, das Gedächtnis der Bischofsweihe des Heiligen.

ST. MARTIN'S SUMMER (engl.)   „Sankt Martins Sommer" bezeichnet im Englischen das, was im Deutschen ein „Altweibersommer", „Indianersommer" (sehr selten auch: Martinssommer) genannt wird, also besonders schönes Wetter in schlechterer Jahreszeit. Die englische Bezeichnung wird mit der Mantelteilung in Zusammenhang gebracht: Als Martin die Hälfte seines Mantels abgegeben habe, sei ihm sehr kalt geworden und er habe gefroren. Da hätten sich plötzlich Nebel und Wolken aufgelöst und die Sonne sei durchgebrochen. Dies sei der erste Sankt-Martins-Sommer gewesen.

STEUERHEILIGER   Spöttische Bezeichnung für den heiligen Martin. An Martin war die kleine Pacht fällig; wer nicht zahlen konnte, schuf sich Probleme. Deshalb hieß es: „Sankt Martin ist ein harter Mann für den, der nicht bezahlen kann."

STOPPELHAHN   Vom Stoppelhahn spricht man im Münsterland zu Martini, wenn es ans Schlachten geht: „Nun wird der Stoppelhahn verzehrt." Der „Stoppelhahn" ist die Verkörperung der Fruchtbarkeit in Form eines Tiers. Die Bezeichnung „Stoppelhahn" erinnert an die Erntebräuche, die auch zu Martini stattfanden.

STUTENKERL   Siehe Weckmann.

SULPICIUS SEVERUS   Um die Mitte des 4. Jahrhunderts in Aquitanien geboren, stammte Sulpicius Severus aus aquitanischem Adel. Ausgebildet in Bordeaux, heiratete er eine Tochter aus reicher konsularischer Familie, die früh starb. Sulpicius schloss sich der asketi-

schen Bewegung an, für die sich der aquitanische Adel am Ende des 4. Jahrhunderts geöffnet hatte. Unter Verzicht auf das väterliche Erbe lebte er als „conversus" (asketisch, ehelos, dem Gebet gewidmet) auf dem Gut Primuliacum (wahrscheinlich in der Gegend zwischen Narbonne und Toulouse) seiner Schwiegermutter Bassula.

TOURS   Bischofssitz in Frankreich. Martin wurde der Legende nach der dritte Bischof von Tours. Der erste Bischof war Gatianus, 249/250 vom Papst nach Tours gesandt. Nach seinem Tod blieb der Bischofsstuhl 36 Jahre lang verwaist. 337/338 folgte ihm Litorius für dreiunddreißig Jahre. Sein Nachfolger wurde 371/372 Martin. Der neunzehnte Bischof in dieser Reihe war Gregor (573–594).

VERKLEIDEN   Zu Martini verkleidet sich ein Mann als Sankt Martin (Soldat oder Bischof) und – wenn es einen Bettler gibt – ein Jugendlicher oder Mann als Bettler. Das Verkleiden erlaubt dem Verkleideten, in eine andere Rolle zu schlüpfen, spielerisch eine andere Identität anzunehmen. Für eine überschaubare Zeit ist der Verkleidete jemand anderer, den er nicht nur formal, sondern auch inhaltlich nachahmt. In der Rolle des anderen, hier des St. Martin oder des Bettlers, kann er das spielen, was zu dieser Rolle gehört. Dadurch geschieht Vergegenwärtigung; das bislang nur Erzählte wird als lebendes Bild plastisch und anschaulich, prägt sich als gesehenes, gehörtes und gemeinsam erlebtes Bild beim Betrachter stärker ein. – Das Hineinschlüpfen in andere Rollen ist nicht nur für Kinder typisch, sondern auch für Erwachsene, die – soziologisch gesehen – selbst ständig verschiedene Rollen spielen.

WECKMANN   Der „Wecken", ein ursprünglich und schon lange vergessenes keilförmiges Weißbrotgebäck, hat seinen Namen vom althochdeutschen und altsächsischen „weggi". „Wecken" steht heute für Weißbrot oder Brötchen (Süddeutschland). Der Weckmann ist ein Gebildebrot. In den frühen Tagen der Kirche war es üblich, Sonn-

und Feiertags nach dem Gottesdienst als Kommunionersatz denen, die die Eucharistie nicht empfangen hatten, die sie nicht hatten empfangen dürfen (Büßer, Katechumenen) oder nicht hatten empfangen können (daheimgebliebene Kranke), gesegnetes, aber nicht konsekriertes Brot zu reichen. In der griechisch- und russisch-orthodoxen Liturgie hat sich dieser Brauch erhalten, der auf das urchristliche Liebesmahl, die Agapefeier nach dem Gottesdienst, zurückgeht, die wiederum ein Brauch ist, den Juden noch heute pflegen: Nach dem Kabbalat Sabbat, dem Gottesdienst am Freitagabend zum Sabbatbeginn, versammeln sich alle Gottesdienstteilnehmer zu einem gemeinsamen Mahl. Im Laufe der Zeit erhielt das auf den Festinhalt bezogene Gebäck eine spezifische Form: die Gestalt des Gefeierten. Der Weckmann, ursprünglich wohl nur am Nikolaustag, später auch am Martinstag und heute in der gesamten Adventszeit üblich (Stutenkerl oder Piepenkerl im Westfälischen; Hefekerl in der Schweiz; aber auch Printenmann, Hanselmann, Klasenmann, Puhmann), ist eine aus Weizenmehlteig geformte Figur: Dargestellt ist ein Bischof! Die heute meist vorfindliche Tonpfeife ist ein Irrtum: Dreht man sie mit dem Kopf nach oben, so erkennt man, dass statt der Tonpfeife ursprünglich ein Bischofsstab angebracht war. Die Bezeichnung „Printenmann" drückt die Form des Gebildebrotes aus, Stuten, Stutenkerl und Wecken, Wegge oder Weckmann, Weggmann, bezeichnen Teigart und Form des Gebäcks.

WEGGMANN Siehe Weckmann.

SANKT MARTIN

ERSTTAGSBRIEF   *COLOR DE LUXE*

1984

Kinder mit Martinslampen
aus Kürbis
Peter Schwingen, 1837
(Ausschnitt)
Stadtmuseum Düsseldorf

Lieder zum Martinsfest

St. Martin ritt durch Schnee und Wind . . .

(aus: Liederschatz für katholische Vereinigungen aller Art., 1904)

Sankt Mar - tin, Sankt Mar - tin, Sankt

Martin ritt durch Schnee und Wind, sein Roß, das trug ihn

fort ge - schwind. Sankt Mar - tin ritt mit

leich tem Mut, sein Man tel deckt ihn warm und gut.

Im Schnee da saß ein armer Mann,
hat Kleider nicht, hat Lumpen an.
„O helft mir doch in meiner Not,
sonst ist der bittre Frost mein Tod!"

Martinsfackel

Sankt Martin zieht die Zügel an;
das Ross steht still beim armen Mann,
Sankt Martin mit dem Schwerte teilt
den warmen Mantel unverweilt.

Sankt Martin gibt den halben still;
der Bettler rasch ihm danken will,
Sankt Martin aber ritt in Eil'
hinweg mit seinem Mantelteil.

Sankt Martin bald sein Ziel erreicht
und schnell von seinem Rösslein steigt;
ermüdet legt er sich zur Ruh';
die Augen fallen ihm gleich zu.

Im Traum schaut er ein glänzend' Licht
und eine milde Stimme spricht:
„Hab Dank, du braver Reitersmann,
für das, was du an mir getan!"

Sankt Martin ganz verwundert denkt:
Was hab ich heut' denn weggeschenkt?
Ich hatte weder Geld noch Brot,
zu lindern eines Armen Not.

Da naht sich wie die Sonne klar,
umringt von einer Engelschar,
mit Martins Mantel angetan,
der Heiland dem erstaunten Mann.

„Seht", spricht er zu den Engeln dann,
„seht, dieser brave Reitersmann
hat heut mit aller Freude mir
geschenkt den halben Mantel hier."

„Wer bist Du?" fragt Sankt Martin schnell,
da wird's in seiner Seele hell,
er sieht's, es ist der Herr der Welt,
der mit der Hand den Mantel hält.

Und huldvoll schaut er Martin an
und spricht: „Was heute du getan
am Bettler, der am Wege saß,
ich nahm's für mich, an mir geschah's.

Nimm freudig nun auch an den Lohn,
der dir bestimmt auf Erden schon:
Du sollst mein treuer Diener sein
als Bischof in der Kirche mein."

Sankt Martin ist dann aufgewacht
und hat sich gar nicht lang bedacht,
schon bald die Taufe er empfing
und dann zu lehren aus er ging.

Und die ihn hören, folgen gern
und dienen fortan Gott dem Herrn;
die Kirch in neuem Glanz erblüht,
wohin Sankt Martin immer zieht.

Sankt Martin war ein Wundermann,
der allzeit Gutes nur getan,
drum ging er auch ins Himmelreich
bei seinem Tode ein sogleich.

Nun feiern alle, groß und klein,
heut mit Gesang bei Fackelschein
sein Fest in Lust und Fröhlichkeit
nach frommem Brauch aus alter Zeit.

Den besten Vogel, den ich waiß,
Dz ist ein gans.
Sie hat zween preyte füß
dar zu ein lange halß
Ir füß sein gel,
Ir stimm is hell,
Sie ist nit schnell,
das best gesang,
das sie kann: da, da, da, da
Dz ist gick gack,
gick gack, gick gack, / Da, da, da da,
Dz ist gick gack, gick gack, gick gack.
Singen wir zu sant Mertens tag.
Ein gans, ein gans gesotten, gebraten
Bey dem feuer ist,
Ein guten wein, dar zu
Ein guten frölichen mut;
den selbigen vogel sollen wir loben,
Der do schnattert vnd dattert
Im haberstro.
So singen wir: Benedicamus Domino,
So singen wir: Benedicamus Domino.

Hanns Voss heißt er,
Schelmstück weiß er,
Die er nicht weiß, die will er lehren,
Haus und Hof will er verzehren;
Brot auf die Trage,
Speck auf den Wagen,
Eier ins Nest,
Wer mir was gibt, der ist der Best!

Als ich hier vor diesem war,
War hier nichts als Laub und Gras,
Da war auch hier kein reicher Mann,
der uns den Beutel füllen kann
Mit einem Schilling, drei, vier oder mehr,
Wenn's auch ein halber Taler wär.

Droben in der Hausfirst
Hängen die langen Mettwürst',
Gebt uns von den langen,
Lasst die kurzen hangen,
Sind sie etwas kleine,
Gebt uns zwei für eine,
Sind sie ein wenig zerbrochen,
So sind sie leichter [zu] kochen,
Sind sie etwas fett,
Ja besser es uns schmeckt.

Martinszug

Im Rheinland gingen Kinder zur Fastnacht mit einem gebundenen Hahn, den sie in einem Korb schaukelten, zum Heischen und sangen:

Havele, havele, Hahne,
Fastnacht geht ane,
Droben in dem Hinkelhaus
Hängt ein Korb mit Eier raus,
Droben in der Firste
Hängen die Bratwürste,
Gebt uns die langen,
Lasst die kurzen hangen,
Ri ra rum,
Der Winter muss herum;
Was wollt ihr uns denn geben,
Ein glückselig Leben,
Glück schlag ins Haus,
Komm nimmermehr heraus.

Dat Hus, dat steht op ene Pinn

Dat Hus, dat steht op ene Pinn,
dä Jitzhals sitzt in de Medde drin.
Jitzhals, lange Hals,
Morje mos du stärve!

Sent Märtes, Märtes Vögelche

Sent Märtes, Märtes Vögelche,
rond, rond Vögelche.
Wo flog et,
wo stov et?
All over de Rhin,
wo de fette Ferkes sin.
De fette Ferkes soll'n geschlachtet sin,
heißa, sent Märte,
de Kalver hebb'n Stärte,
de Köhj hebb'n Hörnder
on kruppen all in de Dörnder,
heißa, sente Märte!

Hier wohnt ein reicher Mann

Hier wohnt ein reicher Mann,
der uns vieles geben kann,
vieles soll er geben,
lange soll er leben,
selig soll er sterben,
das Himmelreich erwerben.

Ein armer Mann,
ein armer Mann

Ein armer Mann, ein armer Mann,
der klopft an viele Türen an.
Er hört kein gutes Wort,
und jeder schickt ihn fort.
Im ist so kalt. Er friert so sehr.
Wo kriegt er etwas Warmes her?
Er hört kein gutes Wort,
und jeder schickt ihn fort.
Der Hunger tut dem Mann so weh
und müde stapft er durch den Schnee.
Er hört kein gutes Wort,
und jeder schickt ihn fort.
Da kommt daher ein Reitersmann,
der hält sogleich sein Pferd an.
Er sieht den Mann im Schnee
und fragt: „Was tut dir weh?"
Er teilt den Mantel und das Brot
und hilft dem Mann in seiner Not.
Er hilft so gut er kann,
Sankt Martin heißt der Mann.
Zum Martinstag steckt jedermann
leuchtende Laternen an.
Vergiss den anderen nicht,
drum brennt das kleine Licht.

Text Rolf Krenzer, Melodie Peter Janssens
Aus: Kommt alle und seid froh, 1982.

Die alten Heischelieder vor der Säkularisierung
stehen in der Tradition der Scholaren und wechseln
gerne deutsche und lateinische Zeilen:

Pontificis eximii,
In sant Mertens ere
Patronique largissmi,
Den schol wir loben sere.
In cujus festo prospere
Zu weine werdent moste,
Et qui hoc nollet credere,
Der laß die wursen chosten.
Martinus Christi famulus
Was gar ein milder herre,
Ditari qui vult sedule,
Der volg nach seiner lere.
Et transmittant hic stantibus
Die pfennig aus der flaschen,
Et donet sicientibus
Den wein in großen flaschen.
Detque esurientibus
Die gueten feisten braten,
Gallinas cum cauponibus
Wir nemens ungesoten.
Vel pro honore dirigat
Die gens und auch die anten,
Et qui non bene biberit,
Der sei in dem banne.

Ein Bettler saß im kalten Schnee

Ein Bettler saß im kalten Schnee,
dem tat das alte Herz so weh.
Sankt Martin, der vorüberritt,
gab ihm den halben Mantel mit.
Da dankte still der alte Mann
und sah ihn voller Freude an.
Sankt Martin zog des Weges fort
und bald erfuhr er Gottes Wort.
Geschrieben steht: „Seid allen gut,
denn was ihr dem Geringsten tut,
das habt ihr mir, dem Herrn geschenkt!"
Wohl dem, der wie Sankt Martin denkt!

Sei gegrüßt, Sankt Martin Gottesmann

Sei ge- grüßt, Sankt Mar-tin, Got-tes-mann, Sankt Mar - tin, sei ge - grüßt! Du, ein Mu-ster der Barm - her - zig-keit, bist be - lohnt in al - le E - wig-keit, Sankt Mar-tin, sei ge- grüßt!

Dir zur Ehr' sind all die Lämpchen an, Sankt Mar - tin, sei ge - grüßt!

Schon als Kriegsmann warst du Glaubensheld,
Sankt Martin, Glaubensheld.
Hast getan, was Gott, dem Herrn, gefällt,
Sankt Martin, Glaubensheld.
Deinen Mantel warfst zur Hälfte du
einem armen Mann aus Mitleid zu,
Sankt Martin, Glaubensheld.

Heiliger Martin,
Kinderzeichnung

Martin war ein frommer Mann

Martin, Martin, Martin
war ein frommer Mann.
Zündet viele Lichter an,
dass er oben sehen kann,
was er unten hat getan.
Martin, Martin, Martin
ritt durch dunklen Wald,
Wind, der wehte bitterkalt.
Saß am Weg ein Bettler alt,
wäre gar erfroren bald.
Martin, Martin, Martin
hält und unverweilt
seinen Mantel mit ihm teilt.
Ohne Dank er weiter eilt.
Bettlers Not war nun geheilt.

Heiliger Martin, dem Bettler
eine Münze reichend
Melchior Binder, Anfang 17. Jh.
Kirche St. Georg, Riedlingen

Zu dir schick ich mein Gebet

Zu dir schick' ich mein Gebet,
das um deine Hilfe fleht,
heiliger Martin.
Deine Fürbitt' ruf ich an,
hilf, dass ich dir folgen kann,
heiliger Martin.

Bitte, dass mein Glaube steh'
fest und froh in Kampf und Weh,
heiliger Martin,
dass mein Herz auf Gott vertrau',
fest auf seine Hilfe bau',
heiliger Martin.

Bitte, dass der Hoffnung Licht
mir geb' frohe Zuversicht,
heiliger Martin.
Sei du mir ein heller Stern,
der mir leuchtet nah und fern,
heiliger Martin.

Bitte, dass der Liebe Glut
mich verbind' dem höchsten Gut,
heiliger Martin.
In Versuchung steh mir bei,
halte mich von Sünden frei,
heiliger Martin.

142

De hellije Zinte Mäetes

De hellije Zinte Mäetes, dat wor ne jode Mann,
dä jof de Kinger Käezjer on stoch se selve an.
Botz, Botz, wedde Botz, dat wor ne jode Mann.

De hellije Zinte Mäetes, dä kütt och höck zo oss,
dröm jonn mer met de Fackele, et freut sich Kleen on Jruß.
Botz, Botz, wedde Botz ...

De hellije Zinte Mäetes, dä rick lans jede Dür,
on sähnt do Hus on Hätze, de Fröch en Schopp on Schür.
Botz, Botz, wedde Botz ...

De hellije Zinte Mäetes, kütt emmer huh ze Päed,
er steht en huhe Ihre em Himmel on op Äed.
Botz, Botz, wedde Botz ...

Durch die Strassen

Worte: Lieselotte Holzmeister · Weise: Richard Rudolf Klein

Einige:
1. Durch die Stra-ßen auf und nie-der
leuch-ten die La - ter-nen wie - der:
Alle:
ro - te, gel - be, grü - ne, blau - e,
lie - ber Mar - tin, komm und schau - e!

Wie die Blumen in dem Garten
blüh'n Laternen aller Arten:
rote, gelbe, grüne, blaue,
Lieber Martin, komm und schaue!

Und wir gehen lange Strecken
mit Laternen an den Stecken
rote, gelbe, grüne, blaue,
Lieber Martin, komm und schaue!

143

Martinsabend vor dem
Düsseldorfer Rathaus
Heinrich Hermanns
(1862–1942)
Privatbesitz

Ich geh' mit meiner Laterne

Ich geh mit meiner La-ter-ne und mei-ne La-ter-ne mit mir. Dort o-ben leuch-ten die Ster - ne, hier un-ten, da leuch - ten wir. Mein Licht geht aus, wir gehn nach Haus. La-bim - mel, la - bam - mel, la - bum.

Ich geh' mit meiner Laterne
und meine Laterne mit mir.
Dort oben leuchten die Sterne
und unten, da leuchten wir.
Ein Lichtermeer zu Martins Ehr'!
Rabimmel, rabammel, rabum.

Ich geh mit meiner Laterne
und meine Laterne mit mir.
Dort oben leuchten die Sterne
und unten, da leuchten wir.
Laternenlicht, verlösch mir nicht!
Rabimmel, rabammel, rabum.

Lasst uns froh und munter sein

Kleines Fräulein, kleiner Mann

Kleines Fräulein, kleiner Mann,
steck dein helles Kerzchen an,
trag dein Licht aus unsrem Haus
in die dunkle Welt hinaus.

Kleines Fräulein, kleiner Mann
steck dein helles Kerzchen an,
brennt dein Lämpchen irgendwo,
werden rings die Leute froh.

Kleines Fräulein, kleiner Mann
steck dein helles Kerzchen an,
Lichter hier, und Lichter da,
Gott, der ist uns immer nah.

Melodie von „Lasst uns froh und munter sein…"

Lasst uns froh und munter sein
und uns heut' von Herzen freun!
Lustig, lustig traleralala,
nun ist Martinsabend da,
nun ist Martinsabend da!

Nehmt den Kürbis in die Hand,
rasch das Kerzchen angebrannt!
Lustig, lustig traleralala,
nun ist Martinsabend da,
nun ist Martinsabend da!

Springen woll'n wir kreuz und quer
übers liebe Kerzchen her.
Lustig, lustig traleralala,
nun ist Martinsabend da,
nun ist Martinsabend da!

Allen Kindern nun zum Spaß
wirft auch Sankt Martinus was.
Lustig, lustig traleralala,
nun ist Martinsabend da,
nun ist Martinsabend da!

Und dann backt nach altem Brauch
uns die Mutter Kuchen auch.
Lustig, lustig traleralala,
nun ist Martinsabend da,
nun ist Martinsabend da!

Nach der Freude danken wir
unsrem lieben Gott dafür.
Lustig, lustig traleralala,
nun ist Martinsabend da,
nun ist Martinsabend da!

Heiliger Martin im
Martinszug

145

Laterne, Laterne

La - ter - ne, La - ter - ne, Son-ne, Mond und
Ster - ne! Bren - ne auf mein Licht, bren - ne
auf mein Licht, a-ber nur mei-ne lie–be La - ter-ne nicht.

Zink Mätes, Zink Mätes

Martinslied in Nüsser Platt (Neusser Platt)

Zink Mätes, Zink Mätes,
et Kenk mot hüt en Fackel hann,
en Fackel för de Mätesmann,
en Fackel rot of jäl of jrön,
en Fackel on e Kääzke dren.

Zink Mätes, Zink Mätes!
De Mäteszog trickt dorch dat Lank,
nu packt de Fackel en de hank.
Zink Mätes op däm wisse Päd
well kicke, we de schönste hät.

Zink Mätes, Zink Mätes!
Et Kenk, dat möt de Fackel jeht,
dat sengt e löstig Mätesleed.
On we dat Mätesleedsche kann,
de kritt ne Koke ut de Pann.

Zink Mätes, Zink Mätes!
Zink Mätes weeß, wat sech jehöt,
on brengt ons all jet Leckesch möt.
On weil he ons jet Jodes jönnt
drom hat he och e Lov verdennt.

Übersetzung

Sankt Martin, Sankt Martin,
das Kind muss heute eine Fackel haben,
eine Fackel für den Martinsmann,
eine Fackel rot oder gelb oder grün,
eine Fackel und eine Kerzchen drin.

Sankt Martin, Sankt Martin!
Der Martinzug zieht durch das Land,
nun nehmt die Fackel in die Hand.
Sankt Martin auf dem weißen Pferd
will gucken, wer die schönste hat.

Sankt Martin, Sankt Martin!
Das Kind, das mit der Fackel geht,
das singt ein lustiges Martinslied.
Und wer das Martinsliedchen kann,
der kriegt einen Kuchen aus der Pfanne.

Sankt Martin, Sankt Martin!
Sankt Martin weiß, was sich gehört,
und bringt uns allen etwas Leckeres mit.
Und weil er uns was Gutes gönnt,
drum hat er auch ein Lob verdient.

Ming Hätz, dat höpp für lutter Jlöck

Ming Hätz, dat höpp für lutter Jlöck,
et kribbelt in ming Been,
et es jo Mätes Ovend höck,
do freut sich jrus on kleen.

Ald morjens fröh probierten ich,
ob och ming Fackel jeet.
Do kütt nun häß, et plore sich
Zint Mätes huh zo Pääd.

On wer de schönste Fackel hät,
dä kritt de ierste Pries.
Ich jlöv janz fass, wat jilt de Wett,
de ming jefällt am mies!

(Melodie „Üb' immer Treu und Redlichkeit", gesungen ca. 1927 in Wesseling, aus der Erinnerung aufgezeichnet von Ferdinand Schmitz-Remy)

Sank Mäetes

Sank Mäetes ös ad wedde he,
loft, Köngde, loft!
Wenn er os rööf: ich bön ad he,
loft, Köngde, loft!
On de Lööch en de Hand,
on et Käezje anjebrannt,
on de Stroß erop on eraf,
loft, Köngde, loft!

Sank Mäetes wor ne jode Häer,
loft, Köngde, loft!
Er hat och all de Köngde jäen,
loft, Köngde, loft!
On de Lööch en de Hand,
on et Käezje anjebrannt,
on de Stroß erop on eraf,
loft, Köngde, loft!

Martinszug
Sigrid Wachenfeld, 1945/46
(Ausschnitt)
Stadtmuseum Düsseldorf

Laternenlied

Wir tragen unsre Laternen –
die Lichter, sie brennen sacht.
Wir tragen unsre Laternen –
ganz hell wird die dunkle Nacht.
Der Mond in der Ferne
und alle die Sterne,
sie schauen in großer Ruh',
der Mond in der Ferne
und alle die Sterne,
sie schauen von oben zu.

Wir tragen unsre Laternen
und lachen uns fröhlich an.
Wir tragen unsre Laternen,
weil jeder sich freuen kann.
Der Mond ...

Wir tragen unsre Laternen
und sind auch noch gar nicht müd.
Wir tragen unsre Laternen
und singen von vorn unser Lied.
Der Mond ...

Kommt, wir woll'n Laterne laufen

Kommt, wir woll'n Laterne laufen,
zündet eure Kerzen an!
Kommt, wir woll'n Laterne laufen,
Kind und Frau und Mann.
Hell wie Mond und Sterne
leuchtet die Laterne,
bis in weite Ferne, übers ganze Land.
Jeder soll uns hören, kann sich gern
	beschweren:
Diese frechen Gören, das ist allerhand!

Kommt, wir woll'n Laterne laufen,
das ist unsre schönste Zeit.
Kommt, wir woll'n Laterne laufen,
alle sind bereit.
Hell wie Mond und Sterne ...

Kommt, wir woll'n Laterne laufen,
nein, wir fürchten nicht die Nacht.
Kommt, wir woll'n Laterne laufen,
das wär' doch gelacht.
Hell wie Mond und Sterne ...

Kommt, wir woll'n Laterne laufen,
bis das letzte Licht verglüht.
Kommt, wir woll'n Laterne laufen,
singt mit uns das Lied.
Hell wie Mond und Sterne ...

Lasst uns froh und munter sein

Lasst uns froh und munter sein
und uns heut von Herzen freu'n,
lustig, lustig, trallerallala,
heut' ist Martinsabend da,
heut' ist Martinsabend da.

Nehmt die Fackel in die Hand,
rasch das Kerzchen angebrannt,
lustig, lustig, trallerallala ...

Tausend Lichter brennen heut'
und es freu'n sich alle Leut',
lustig, lustig, trallerallala ...

Martinsabend vor dem Düsseldorfer Rathaus
(Ausschnitt) nach einem Gemälde von
Hermann Peters, Gartenlaube 1915

Abends wenn es dunkel wird

Abends, wenn es dunkel wird
und die Fledermaus schon schwirrt,
ziehn wir mit Laterne aus
in den Garten hinterm Haus.
Und im Auf- und Niederwallen
lassen wir das Lied erschallen:
Laterne, Laterne,
Sonne, Mond und Sterne.

Plötzlich aus dem Wolkentor
kommt der gute Mond hervor,
wandelt seine Himmelsbahn
wie ein Hauptlaternenmann.
Leuchtet bei dem Sterngefunkel
lieblich aus dem blauen Dunkel.
Laterne, Laterne ...

Ei, nun gehen wir nach Haus,
blasen die Laternen aus,
lassen Mond und Sternelein
leuchten in der Nacht allein,
bis die Sonne wird erwachen,
alle Lampen auszumachen.
Laterne, Laterne ...

149

Sankt - Martinslied

1. Es dun-kelt früh der A-bend schon, der No-
Wir fei-ern, was Sankt Mar-tin tat, mit

vem - ber ist im Land.
Lich - tern in der Hand.

Wir den-ken an den ar-men Mann, den

Mar-tin einst be-deck-te mit sei-nem hal-ben

Man-tel-teil, als Not ihn tief er-schreckte.

Refrain:

Sankt Mar - tin, Sankt Mar - tin, dich
Sankt Mar - tin, Sankt Mar - tin, so

1.
lo-ben al-le Leu-te.
2.
sin-gen wir auch heu-te.

Zu Martin sprach der Herr im Traum:
„Sieh, ich trag' dein Mantelteil;
was du dem Ärmsten hast getan,
das wurde mir zuteil."
Und Martin folgte Jesus nach,
seit Er ihm war erschienen.
Sankt Martin wollt' dem Nächsten nun
als seinem Bruder dienen.

Sankt Martin . . .

Vom Heil'gen Martin singen wir,
weil er half mit Mut und schnell.
Laternen tragen wir für ihn;
seine Güte strahlte hell.
Er sah die Menschen neben sich.
Auch wir woll'n um uns schauen.
Vom Heil'gen Martin lernen wir,
einander zu vertrauen.

Sankt Martin . . .

Sankt Martin auf dem
Altermarkt, Köln,
Franz Josef Grimmeisen,
1998
Privatbesitz

151

St. Martin
für
Feinschmecker

1 frische Bauerngans
2 Stängel Beifuß
2 Boskopäpfel
1/8 – 1/4 l Wasser
1 Karotte
1 Zwiebel
1/2 Stange Lauch
1 Stück Sellerie
Salz

Die traditionelle Martinsgans

Die Gans, falls nötig, mit einer Pinzette nachzupfen, Flügel und Hals abschneiden. Gans unter fließendem Wasser sorgfältig waschen, trocken tupfen, innen und außen gut salzen, mit Beifuß sowie den geschälten und entkernten Äpfeln füllen. Die Öffnung mit Holzstäbchen und Küchengarn verschließen. Gans mit der Brust nach unten auf den Rost in einen Bräter legen, 1/8 l Wasser zufügen und das geschlossene Gefäß in den kalten Backofen setzen. Bratzeiten auf der unteren Einschubleiste mit 210 Grad zunächst 150–180 Minuten und mit 240–250 Grad noch einmal 10 Minuten. Nach einer Stunde Bratzeit die Gans wenden, das zerkleinerte Gemüse dazugeben und die Haut (aber nicht bis ins Fleisch!) vorsichtig mit einem Hölzchen einstechen, damit das Fett austritt. Während des Bratens mehrmals das Fett abschöpfen und bei Bedarf Wasser nachgießen. Nach 150–180 Minuten die Gans mit Salzwasser bepinseln und aufgedeckt – am besten im Deckel des Bräters – bei erhöhter Temperatur 10 Minuten lang knusprig braten. In dieser Zeit für die Soße die Röststoffe vom Rand und Boden des Bräters mit etwas Wasser lösen, den ganzen Soßenfond samt mitgebratenem Gemüse durch ein Sieb passieren und mit Salz und Pfeffer abschmecken. Gans tranchieren und anrichten. Als Beilage die Soße, Semmelknödel sowie Rot- und Grünkohl reichen.

Rheinische Martinsgans

1 Gans von 3–4 kg,
2 Teelöffel Salz,
1 Prise Pfeffer,
1 Esslöffel Majoranpulver oder
1 Bund frischer Majoran,
1 kg Esskastanien,
1 l Salzwasser, 4 mittelgroße Zwiebeln,
1 Esslöffel gehackte Petersilie,
40 g Butter,
1/2 Teelöffel Paprika,
1 kg aromatischer Äpfel
(Boskop oder Cox Orange),
1 Möhre,
1 Lorbeerblatt

Innereien, Kopf, Hals, Füße und Flügel der Gans entfernen. Das Fett auslösen, ausbraten und später zum Gemüsedünsten verwenden. Die Gans innen und außen mit Salz, Pfeffer und (gegebenenfalls kleingezupftem) Majoran einreiben. Die Kastanien ringsum einschneiden und in Salzwasser 10 Minuten leicht kochen, dann Wasser abgießen und die Schalen mit Innenhaut entfernen. Die fein gehackte Zwiebel und die Petersilie in der Butter rösten, mit Paprika würzen, die gehackten Kastanien zugeben und mit wenig Wasser 15 Minuten weich kochen, die geschälten, kleingewürfelten Äpfel kurz mitdämpfen. Untereinander mischen und damit die Gans füllen, zunähen, die Keulen festbinden und die Haut leicht einstechen (besonders an den Gelenken). Die Gans mit der Brust nach unten auf den Rost legen. Auf der unteren Schiene 1 l heißes Salzwasser in die Fettpfanne geben und Möhre, Zwiebel und Lorbeerblatt zugeben. Bei 200 Grad ca. 150 Minuten im Backofen braten. Öfter mit Bratensaft oder heißem Wasser, in der letzten halben Stunde aber mit etwas kaltem Wasser, begießen. Zum Schluss die Gans aus dem Ofen nehmen, die Fäden entfernen, den Bratensaft entfetten, durchsieben und mit Soßenbindemittel eindicken. Nach Abschmecken evtl. nachwürzen und servieren.

Kölner Martinsgans

1 Gans (ca. 3,5 kg), Salz, Pfeffer, Majoran.
Füllung: 500 g Maronen, 3 saure Äpfel,
100 g Rosinen, 1/4 l Rotwein,
Beilagen: Apfelrotkohl, Kartoffelklöße

Die Gans waschen, abtrocknen und mit einem Gemisch aus Salz, Pfeffer und Majoran innen und außen einreiben. Die Kastanien einritzen, im Backofen rösten, schälen. Äpfel schälen, vierteln, entkernen und in feine Scheiben schneiden. Kastanien und Apfelscheiben

mit den Rosinen mischen, damit die Gans füllen und anschließend zunähen. Mit der Brust nach unten in einen Bräter legen und bei 200 Grad gut eine Stunde im vorgeheizten Backofen garen. Dann die Gans wenden und weitere 30 Minuten braten. Während des gesamten Bratvorgangs regelmäßig mit dem Bratfett übergießen. Inzwischen die Kartoffelklöße herstellen (oder – auf einfachere Art – aus der Fertigpackung zubereiten). Die Gans warm stellen und die Sauce anrühren: Gänsefett abgießen und anderweitig verwenden, Bratenfond mit Rotwein und etwas Wasser ablöschen und zum Kochen bringen, durchsieben und in einer heißen Sauciere zusammen mit der Gans, den Kartoffelklößen und dem Rotkohl servieren.

1,5 kg mittelgroße Kartoffeln,
250 g geräucherte, gut durchwachsene Speckwürfel,
1 Tasse kleingehackte Zwiebeln,
1/4 Tasse Wasser,
1/8 l Weißweinessig,
1/2 Teelöffel Salz,
1/4 Teelöffel schwarzer Pfeffer,
2 Esslöffel Petersilie

Warmer Kartoffelsalat mit Speck

Pellkartoffeln kochen, pellen und in nicht zu dünne Scheiben schneiden und zugedeckt warm stellen. Den Speck in einer größeren Pfanne braun und knusprig braten und auf Küchenkrepp abtropfen lassen. In dem zurückgebliebenen Fett in der Pfanne die Zwiebeln unter Rühren glasig dunsten. Wasser, Essig, Salz und Pfeffer hinzugeben und kurz aufkochen lassen. Diese Mischung über die Kartoffeln gießen und unterheben. Zum Schluss den Speck und die frisch gehackte Petersilie hineinmischen und abschmecken. Den Salat kann man sofort servieren.

Miesmuscheln in Weißwein

4 kg Miesmuscheln,
1/2 l Weißwein,
1/2 Sellerieknolle,
2 Möhren,
4 Zwiebeln,
1 Knoblauchzehe,
2 Lorbeerblätter
1 Teelöffel geschroteter Pfeffer,
1 Teelöffel Salz.
Beilage:
Schwarzbrot mit Butter

Die Muscheln einige Stunden in Wasser legen. Sollte sich die eine oder andere dabei geöffnet haben, diese wegwerfen, da sie ungenießbar sind. Die übrigen unter fließendem Wasser gründlich bürsten und die herausschauenden Bärtchen mit einem Messer abziehen. Den Weißwein in einen großen Topf gießen. Sellerie, Möhren, Zwiebeln und Knoblauchzehe fein würfeln und mit den Gewürzen dazugeben. Das Ganze aufkochen und die Muscheln hineingeben. 5 – 10 Minuten garen, bis sich die Schalen weit geöffnet haben. Alle noch geschlossenen Muscheln aussortieren. Sie sind nicht essbar! Die guten mit der Gemüsebrühe auf Suppentellern servieren. Dazu Schwarzbrot mit Butter reichen.

Brezelsuppe

Eine deftige Brezelsuppe bereitet man, indem man Brezeln in heißem Wasser aufquellen lässt, heiße Buttersoße daran gießt und das Ganze mit geriebenem und geröstetem Käse bestreut.

Kölner Döppekoche oder Dijelsknall

2 kg Kartoffeln,
2 Eier,
1 Zwiebel, 1/2 Tasse Milch,
100 g Rosinen,
100 g fetter Speck in Streifen, Salz

Die Kartoffeln werden zubereitet wie für Reibekuchen, nur werden zusätzlich noch die Rosinen untergemengt. Ein großer gusseiserner Topf wird mit Öl ausgepinselt und die Masse lagenweise mit den Speckstreifen eingefüllt. Dann kommt der Topf für zwei Stunden auf ein mildes Feuer oder in den Backofen, bis der Kuchen braun ist. Man serviert ihn in fingerdicken Scheiben.

Düppekuchen (Dippedotz)

1,5 kg Kartoffeln,
1 große Zwiebel,
2 Brötchen (gebrockt aufweichen in
1/2 l Milch),
200 g magerer, durchwachsener
geräucherter Speck,
2 Eier,
Öl,
1 Prise Salz und Muskat
(gegebenenfalls Thymian und Majoran),
Butterflöckchen

Die Kartoffeln und die Zwiebeln reiben und mit den in Milch eingeweichten und schlank gerührten Brötchen, Eiern und je einer Prise Salz und Muskat vermengen. Der Speck ist oft so salzig, dass der Kartoffelteig nicht eigens gesalzt werden muss. In einem Schmortopf – am besten einem gusseisernen Bräter – zwei bis drei Esslöffel Öl heiß werden lassen, mit Speckstreifen auslegen, den Kartoffelteig einfüllen und in den auf 220 Grad vorgeheizten Ofen auf die unterste Schiene schieben und 90 Minuten backen lassen. Nach etwa 60 Minuten die Oberfläche des Gerichtes dicht mit Butterflöckchen belegen, damit der Düppekuchen eine knackig knusprige Kruste erhält. – Zum Gericht reicht man schwarzen Kaffee oder Bier, Schwarzbrot und Apfelkompott und – zum krönenden Abschluss – einen Obstler.

Äpfel in Vanilletunke

Vanillesoße,
4 Äpfel (waschen, schälen, entkernen),
1/8 l Wasser oder Wein,
1 Esslöffel Zucker,
Marmelade,
Rosinen, geriebene Nüsse oder Mandeln,
Butter,
Anis und
1 Esslöffel Zucker

1/8 l Wasser oder Wein mit 1 Esslöffel Zucker aufkochen, die vorbereiteten Äpfel darin garen, mit einem Schaumlöffel herausnehmen, auf Teller setzen und mit Marmelade, Rosinen und/oder geriebenen Nüssen füllen. Die Vanillesoße darüber gießen, warm essen.

Bratäpfel

Säuerliche Äpfel waschen und trocknen, das Kerngehäuse ausstechen und auf das gefettete Backblech setzen und Zucker darüber streuen. Im Elektroherd bei 220 Grad 25 Minuten, im Gasherd bei Stufe 5 braten. Nach dem Braten mit Zucker bestreuen. – Zum Braten geeignet sind die Apfelsorten Boskop, Jonathan und Cox Orange.

Quark-Bratäpfel

150 g Magerquark,
2 Eigelb,
40 g Zucker,
1 Päckchen Vanillezucker,
1/2 Teel. abgeriebene Zitronenschale,
20 g Sultaninen,
6 Kochäpfel (z. B. Boskop),
20 g Butter

Die ersten sechs Zutaten miteinander verrühren. Dann von den gewaschenen Äpfeln jeweils einen „Deckel" abschneiden und die Früchte aushöhlen. Das kleingehackte Fruchtfleisch unter die Quarkmasse rühren. Mit dieser Masse die Äpfel füllen und den Deckel obenauf setzen. Dann eine feuerfeste Form einfetten, die Äpfel hineinsetzen und im vorgeheizten Ofen bei 200 Grad etwa 25–30 Minuten backen. Das i-Tüpfelchen ist eine wohlschmeckende Vanillesoße.

Schwäbische Springerle

500 g Puderzucker,
4 Eier,
abgeriebene Schale
einer Zitrone,
500 g Mehl

Zum Formen des Gebäcks werden Holzmodeln benötigt, die man z.B. bei Bekannten ausleihen oder in einem Haushaltwarengeschäft kaufen kann.

Das Backblech mit Fett bestreichen und mit Mehl bestäuben. Den Puderzucker mit den Eiern schaumig rühren. Nach und nach die Zitronenschale und das gesiebte Mehl unter die Schaummasse geben. Zuletzt den Teig durchkneten und ihn 1 cm dick ausrollen. Die Holzmodeln mit Mehl ausstäuben und die Oberfläche der Teigplatte dünn mit Mehl bestäuben. Kleine Teigstücke in die Modeln drücken, die Kanten glatt schneiden und den Teig wieder aus den Modeln klopfen. Das Mehl an der Teigoberfläche mit einem Pinsel entfernen. Die Springerle auf das Backblech legen und 24 Stunden bei Raumtemperatur trocknen lassen. Den Backofen auf 120 Grad vorheizen. Die Springerle mit Pergamentpapier abdecken und sie 30 Minuten auf der mittleren Schiene backen. Die ersten 20 Minuten darf die Backofentür nicht geöffnet werden! Die Oberfläche der Springerle soll weiß bleiben, nur die Unterseite darf leicht bräunen. Die Springerle 2–3 Wochen kühl stellen, damit sie weich werden.

4 Eier, 500 g Zucker,
60 g Zitronat,
60 g Orangeat,
250 g Haselnüsse,
250 g Mandeln,
2 Esslöffel Zimt,
1 Teelöffel Nelken,
12 Esslöffel kalte,
gekochte,
gestampfte
Kartoffeln,
16–20 Esslöffel Mehl,
1 Päckchen Backpulver

Kartoffelkuchen

Die Eier und den Zucker mit einem Mixer in einer großen Schüssel schaumig schlagen. Anschließend die übrigen Zutaten der Reihe nach hinzugeben und alles ordentlich miteinander verrühren. Das Mehl esslöffelweise hinzugeben, bis der Teig schwer und reißend vom Rührlöffel fällt. Mit Hilfe von zwei Teelöffeln kleine Häufchen auf Backoblaten setzen. Diese werden bei 180 Grad ca. 20 Minuten gebacken und dann mit Schokolade überzogen.

Brezeln

Schon im Jahr 1521 wurde zur Herstellung einer typischen Brezel empfohlen:

„Nimm ein schönes Mehl / lauter Eyerdotter / und ein wenig Wein / Zucker und Aniß / mach einen Teig damit an / walg ihn fein länglicht und rundt mit saubern Händen / und mach kleine Brezel daraus / schiebs in ein warm Ofen / und backs / dass du es nit verbrennst."

250 g Honig,
125 g Zucker,
2 Esslöffel Öl,
500 g Mehl,
1 Päckchen Backpulver,
1/2 Päckchen Lebkuchengewürz,
2 Esslöffel Kakao,
1 Ei.
Zum Verzieren:
Puderzucker,
Schokoladenglasuren,
bunte Zuckerstreusel,
Mandeln, Rosinen, Pistazien

Einfacher Lebkuchen nach Mutters Art

Zuerst Honig, Zucker und Öl in einem Topf schmelzen. Nun das Mehl mit dem Backpulver und dem Kakao auf den Tisch sieben und mit dem Lebkuchengewürz vermischen. In die Mitte eine Vertiefung formen, da hinein die Honigmasse und das Ei geben. Alles zu einem Teig verkneten und auf einer bemehlten Fläche ausrollen. Jetzt Figuren ausstechen oder sie mit Hilfe von Pappschablonen ausschneiden. Das spitze Messer zwischendurch immer wieder in Mehl tunken. Die fertigen Figuren auf ein mit Backpapier ausgelegtes Backblech legen. Backzeit: ca. 10 Minuten bei 200 Grad, Heißluft: 175 Grad. Nach dem Backen und Abkühlen die Figuren mit Puderzucker oder Zucker- und Schokoladenglasuren, mit Mandeln, Rosinen, Pistazien, Zitronat usw. verzieren. Sollen die Lebkuchenfiguren als Adventsgruß an einem Tannenzweig hängen, dann vor dem Backen mit einem Zahnstocher ein Loch für den Faden in den Teig stechen. Die gebackenen Lebkuchen am besten in einer Dose luftdicht, kühl und trocken aufbewahren.

Weckmann mit Tonpfeife (Stutenkerle)

1 Päckchen Trockenhefe,
1 Teelöffel Zucker,
1/8 l Milch,
300 g Mehl,
80 g Zucker,
1 Prise Salz,
80 g weiche Butter,
2 Eigelb,
1 Messerspitze Safranpulver,
Eigelb zum Bestreichen,
Korinthen und Tonpfeifen zum Verzieren

Hefe und Zucker mit der lauwarmen Milch anrühren und 15 Minuten stehen lassen. Mehl in eine Schüssel sieben, an den Rand Zucker, Salz, Butter, Eigelb und Safran geben und von der Mitte aus mit der Hefe verrühren und alles gut durchkneten. Den Teig gehen lassen, dann ausrollen und Männerfiguren ausschneiden, auf ein gefettetes Backblech legen und mit Eigelb bestreichen. Korinthen als Augen und Knöpfe einsetzen und die Tonpfeife längs in das Männchen drücken. Die Figuren noch etwas gehen lassen und dann 15–18 Minuten bei 175–200 Grad hellbraun backen.

Martinshörnchen

1 kg Weizenmehl, 2 Würfel Hefe, 1/4 l lauwarme Milch, 3–4 Eier, 1 Prise Salz, 2 Esslöffel Zucker, 200 g weiche Butter, abgeriebene Schale einer Zitrone, 50 g grob gemahlene Mandeln oder Zimt, 125 g gewaschene Rosinen, 100 g Korinthen

Aus den Zutaten einen Hefeteig zubereiten. Den Teig mit dem Rührlöffel schlagen, bis er Blasen wirft. Auf dem mehlbestäubten Backblech den Teig zu drei oder vier Rollen mit sich verjüngenden Enden formen und zu Hörnern oder Hufeisen formen. Die Teigstücke auf dem gebutterten Backblech aufgehen lassen, dann mit Butter bestreichen, mit Zucker und Zimt, eventuell auch mit gehackten Mandeln bestreuen. Im vorgeheizten Ofen bei 180 bis 200 Grad etwa 30–40 Minuten backen.

Martinsringe

Aus den gleichen Bestandteilen wie die Martinshörnchen kann man auch Martinsringe formen, die Menschen geschenkt werden, die man gerne mag.

Martinsschiffchen

2 Eier,
125 g Butter,
1 Prise Salz,
200 g Zucker,
1/4 Tasse Zitronensaft,
1 Beutel Vanillezucker,
1 Tasse Rosinen,
1/2 Tasse gehackte Walnüsse,
etwas Weißwein.
Teigförmchen in Schiffchenform

Zwei Eier verquirlen und in einen Topf geben, 125 g zerpflückte Butter hinzufügen und auf schwacher Flamme mit den Eiern schmelzen. Eine Prise Salz, 200 g Zucker, 1/4 Tasse Zitronensaft, einen Beutel Vanillezucker, eine Tasse gewaschene und in Weißwein geweichte Rosinen und eine halbe Tasse grob gehackte Walnüsse dazugeben, verrühren und in Teigfarmchen füllen. Die Menge reicht für 15–20 Schiffchen. Tipp: Schiffchen nicht zu üppig füllen, da das Gebäck sehr sättigt.

Heiliger Martin
Holzplastik
(Detail), 18. Jh.
Grevenbroich-
Frimmersdorf,
St. Martinus

Bischofsbrot

5 ganze Eier,
250 g Zucker, 250 g Mehl,
250 g ganze Mandeln
(abgebrüht und geschält),
250 g Sultaninen,
15 g Zimt

Eier und Zucker schaumig rühren, die restlichen Zutaten darunter mengen. Masse in eine gefettete Kastenform geben. 1 Stunde bei 175 Grad backen. Zum Servieren dünn aufschneiden.

Martinsküchelchen (Mätesköchelcher)

1 kg Weizenmehl,
160 g Zucker,
160 g Margarine,
60 g Hefe, Milch,
1 Prise Salz,
2 Päckchen Rosinen

Mehl in einer Schüssel warm stellen, Hefe mit der Hälfte des Zuckers schaumig rühren, etwas warme Milch hinzugeben; diese in die Mitte des Mehls rühren und gehen lassen. Danach alle übrigen Zutaten hinzugeben (Margarine auflösen) und so viel warme Milch hinzufügen, dass ein dickflüssiger Teig entsteht. Noch einmal gehen lassen und in einer Pfanne in heißem Öl schwimmend kleine Kuchen backen. Zum Schluss die Martinsküchlein mit Zucker bestreuen.

Heißer Johannesbeer-Punsch

2 Beutel Hagebuttentee,
1/2 l Wasser,
1 Päckchen Glühweingewürz,
Saft von 1 Zitrone,
0,7 l Schwarzer Johannisbeersaft,
Saft von 2 Apfelsinen,
Zucker,
1 ungespritzte Apfelsine

Hagebuttentee, das Glühweingewürz und den Zitronensaft mit kochendem Wasser übergießen. Dann den Johannesbeersaft dazugeben und alles einmal aufkochen lassen. Den mit Zucker abgeschmeckten Punsch durch ein Sieb gießen, in jeden Becher eine Scheibe Apfelsine geben und den Punsch darüber gießen. Heiß getrunken schmeckt er am besten!

Malvenpunsch
(für 2 Personen)

2 Esslöffel Zucker,
1 Ei,
1/4 l Malventee,
bunte Zuckerstreusel und
etwas Zitronensaft

Zuerst das Eigelb vom Eiweiß trennen und mit dem Zucker richtig schaumig schlagen. Das geht mit einer Gabel ganz leicht. Den Schaum in zwei Gläser füllen, die mit dem heißen Malventee aufgefüllt werden. Kurz verrühren und mit Zitronensaft abschmecken. Das Ganze mit bunten Zuckerstreuseln verzieren.

1 l Apfelsaft,
1/2 l schwarzer Tee,
2 Esslöffel Zucker,
1 Zitrone,
1 Orange,
1 Zimtstange,
2 Nelken

Kinder-Punsch

Apfelsaft und Tee in einem Topf erhitzen. Zitrone und Orange dünn abschälen und auspressen. Schalen, Saft, Zucker und Gewürze in den Topf geben. Punsch langsam erhitzen, aber nicht kochen. Eventuell nachwürzen. Punsch durchseihen und in feuerfesten Gläsern auf den Tisch bringen.

Laterne, Laterne…

Kleine Farbsymbolik einer Martinslaterne

BLAUER UNTERGRUND:

Farbe des Himmels und der Treue (Gottes verlässliche Treue zu den Menschen).

GELBER SCHEIN UM MARTIN:

Farbe der Sonne, des Lichtes, das als Hoffnungsschein von der Person ausgeht.

PINIEN RECHTS IM FENSTER:

Pinien sind ein altes Symbol für Fruchtbarkeit, Auferstehung und Unsterblichkeit – Hinweis auf Christus.

ROTER MANTEL:

Der Mantel, den Martin als Soldat des Kaisers trägt, bleibt Eigentum des Kaisers und hat darum die Farbe der kaiserlichen Herrschaft: rot. Die Christen deuten Rot als Farbe des Herzens (Blut) und des Heiligen Geistes.

BRAUNES GEWAND DES BETTLERS:

Farbe der Demut und Traurigkeit, Farbe der Erde und damit der Zugehörigkeit zum Irdischen, Vergänglichen.

WEISSES PFERD:

Weist zum einen darauf hin, dass die Handlung sich im hereinbrechenden Winter abspielt; zum anderen ist Weiß die Farbe Gottes, der Reinheit und Unschuld.

167

Luftballonlaterne

Diese Laterne kann mit Kindern ab ca. 3 Jahren gebastelt werden. Sie bedarf jedoch der Vorbereitung und eines wasserfesten Arbeitsplatzes.

...und so wird's gemacht!

- Luftballon
- Tapetenkleister (ca. 100 ml)
- buntes Transparentpapier
- Schere
- Draht
- Zange
- Stopfnadel
- Elektrolaternenstab/Holzstab und Kerzenhalter
- Pergamentpapier
- Wasserfarben/ Wachsmalstifte

Tapetenkleister anrühren.

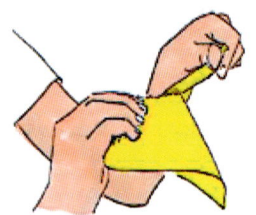

Transparentpapier in kleine (ca. 5x5 cm große) Stücke reißen. Luftballon aufblasen.

Den Luftballon mit dem Kleister einschmieren und in mehreren Lagen (5–7) immer wieder die Schnipsel aufkleben.

Dabei den oberen Bereich, wie die Grafik zeigt, nicht bekleben!

Den Ballon mit dem nicht beklebten Bereich auf einen leeren Eimer legen und mehrere Tage trocknen lassen.

Nach dem Trocknen den Ballon mit Hilfe einer Nadel zerplatzen lassen und vorsichtig aus der Transparentpapierhülle entfernen. Den oberen Rand mit einer Schere sauber abschneiden.

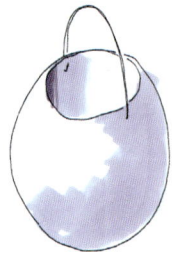

Mit einer Stopfnadel zwei sich gegenüberliegende Löcher in den oberen Rand stechen, durch diese den Draht führen und an beiden Enden den Draht verzwirbeln. Stab einhängen und evtl. Kerzenhalter im Boden befestigen.

Tipp: Man kann die Laterne auch mit farblosem Pergamentpapier bekleben und erst nach dem Trocknen bemalen.

Wenn man die Laterne mit einem Teelicht erleuchten will, sollte man unten in den Ballon als Boden eine Tasse Gips gießen und das Teelicht in den noch nicht festen Gips drücken.

Variation der Luftballonlaterne

Diese Laterne kann man mit Kindern ab ca. 5 Jahren basteln

- Luftballon
- Tapetenkleister (ca. 100 ml)
- buntes Transparentpapier
- Schere, Draht, Zange, Stopfnadel,
- Elektrolaternenstab/Holzstab und Kerzenhalter
- zweiter Luftballon/Ballon in einer andern Form
- bunte Pappe
- Kleber

Den Luftballon mit dem Kleister einschmieren und in mehreren Lagen (5–7) immer wieder die Schnipsel aufkleben. Dabei den oberen Bereich nicht bekleben!

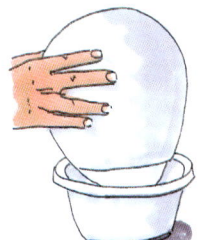

Den Ballon mit dem nicht beklebten Bereich auf einen leeren Eimer legen und mehrere Tage trocknen lassen.

Nach dem Trocknen den Ballon mit Hilfe einer Nadel zerplatzen lassen und vorsichtig aus der Transparentpapierhülle entfernen. Den oberen Rand mit einer Schere sauber abschneiden.

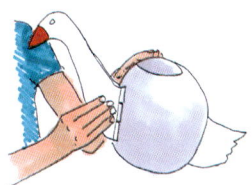

Nach dem Entfernen des Ballons aus der Hülle kann man z. B., wie hier dargestellt, eine Gans basteln: Kopf, Schnabel , Schwanz und Füße aus Pappe ausschneiden (mit Klebelasche) und an die Laterne kleben. Gut festdrücken.

Mit einer Stopfnadel zwei sich gegenüberliegende Löcher in den oberen Rand stechen, durch diese den Draht führen und an beiden Enden den Draht verzwirbeln. Stab einhängen und evtl. Kerzenhalter im Boden befestigen.

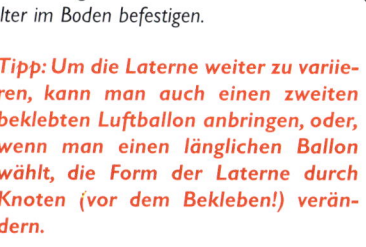

Tipp: Um die Laterne weiter zu variieren, kann man auch einen zweiten beklebten Luftballon anbringen, oder, wenn man einen länglichen Ballon wählt, die Form der Laterne durch Knoten (vor dem Bekleben!) verändern.

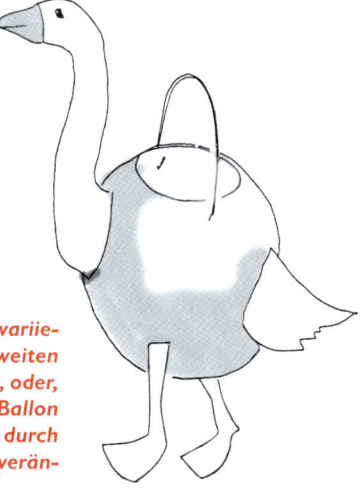

Runde
Pergamentlaterne

Diese Laterne kann man mit
Kindern
ab ca. 3 Jahren basteln.

- Transparent- oder
  Pergamentpapier etwa 52x25 cm,
- Käseschachtel mit einem
  Durchmesser von 16 cm, oder
  2 cm breite Kartonstreifen und ein
  kreisrundes Stück Pappe mit einem
  Durchmesser von 16 cm.
- buntes Transparentpapier/buntes
  Laub, Gräser
- Schere
- Kleber
- Bunt- und Wachsmalstifte
- Zange
- Draht
- Stopfnadel
- Elektrolaternenstab/Holzstab und
  Kerzenhalter

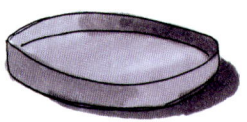

*Der Boden der Käseschachtel
dient als Grundform der Laterne.*

*Zunächst wird jedoch der
Pergamentstreifen, der als Wand
dienen soll, gestaltet:*

*- Das Pergamentpapier mit
Gräsern oder buntem Laub
bekleben
- oder verschiedenfarbige gerisse-
ne Transparentpapierstücke aufkleben.
- Nach Belieben kann das
Pergamentpapier auch mit Bunt-
oder Wachsmalstiften bemalt
werden.*

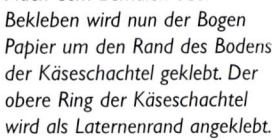

*Nach dem Bemalen oder
Bekleben wird nun der Bogen
Papier um den Rand des Bodens
der Käseschachtel geklebt. Der
obere Ring der Käseschachtel
wird als Laternenrand angeklebt.*

*Nun werden die noch offenen
Längsseiten des Papierbogens
miteinander verklebt.*

**Tipp: Je nach Motiv kann die
Käseschachtel farbig oder schwarz
gestrichen werden.**

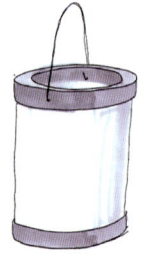

*Zum Schluss mit der Stopfnadel
zwei sich gegenüberliegende
Löcher in den oberen Rand ste-
chen, durch diese den Draht füh-
ren und an beiden Enden den
Draht verzwirbeln.
Stab einhängen und ggf.
Kerzenhalter befestigen.*

Runde Papplaterne

Diese Laterne kann mit Kindern ab ca. 5 Jahren gebastelt werden.

- 1 Bogen schwarzer Fotokarton (50x70)
- buntes Transparentpapier
- Schere
- Kleber
- Zange
- Draht
- Stopfnadel
- Elektrolaternenstab/Holzstab
- Kerzenhalter

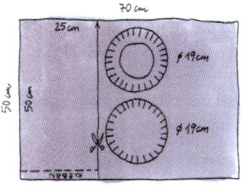

Als Erstes wird der Karton zurechtgeschnitten:
Für die Wand: einen 50x25 cm großen Streifen schneiden. Für den Boden: einen Kreis mit einem Durchmesser von 19 cm schneiden, rundherum ca. 2 cm weit einschneiden und einen 2 cm breiten Streifen nach oben klappen.

Nun wird der Karton, der als Wand dient, gestaltet:
- Mit Hilfe einer Nadel Muster oder Figuren in den Karton stechen (auf weichem Untergrund, wie z.B. einem Handtuch),
- oder mit einer kleinen Schere oder einem Papiermesser Motive ausschneiden.

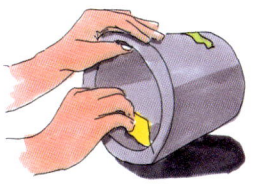

Buntes Transparentpapier hinter den Karton kleben.

Den Fotokarton um den Rand des Bodens kleben und die noch offenen Längsseiten des Kartons zusammenkleben.

Zum Schluss mit der Stopfnadel zwei sich gegenüberliegende Löcher in den oberen Rand stechen, durch diese den Draht führen und an beiden Enden den Draht verzwirbeln.
Stab einhängen und ggf. Kerzenhalter im Boden befestigen.

Eckige Papplaterne

Diese Laterne kann mit Kindern ab etwa 7 Jahren gebastelt werden.

- 1 Bogen schwarzer Fotokarton (70x100)
- buntes Transparentpapier
- Pergamentpapier
- Schere
- Cutter
- Kleber
- Bunt- und Wachsmalstifte
- Draht
- Zange
- Stopfnadel
- Holzstab
- Kerzenhalter

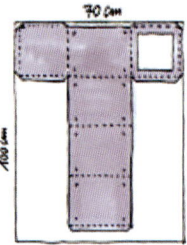

Aus dem Fotokarton wird der Rahmen für die Laterne, wie die Grafik zeigt, ausgeschnitten:

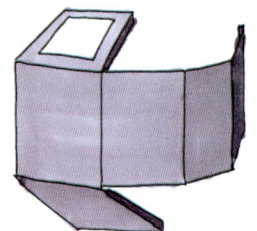

Boden und Deckel: 14x14 cm mit jeweils ca. 2 cm Klebelasche. Wände: 14x32 cm, Klebelasche an einer Seite.

Mit dem Cutter in die Wände der Laterne am besten vorgezeichnete, abstrakte Muster oder Figuren schneiden. Die Muster können auch auf Transparentpapier vorgezeichnet und dann mit Kohlepapier auf den Karton übertragen werden.
Die entstandenen Muster werden mit buntem Transparentpapier hinterklebt.
In den Deckel ein Fenster von 10x10 cm schneiden.

Mit der Stopfnadel in den oberen Rand zwei sich gegenüberliegende Löcher stechen, durch diese den Draht führen und an beiden Enden verzwirbeln.
Stab einhängen und Kerzenhalter im Boden befestigen.

Tipp: *Unsere Motivvorschläge auf Seite 166/167 können im Fotokopierer vergrößert und als Scherenschnitt farbig gestaltet werden.*

Papiertütenlaterne

Diese Laterne kann man mit kleinen
Kindern ab 1 Jahr basteln.

- Papiertüte
- buntes Transparentpapier
- Schere
- Kleber
- Elektrolaternenstab

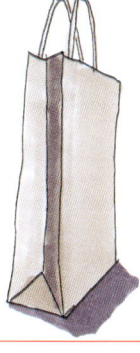

*Mit der Schere werden Muster in
die Tüte geschnitten.*

*Danach werden sie mit buntem
Transparentpapier hinterklebt.*

*Zum Schluss wird der
Laternenstab an den Henkeln
der Tüte eingehängt.*

173

Zeittafel zum Leben des heiligen Martin

306–337	Kaiser Konstantin
313	Toleranzedikt von Mailand gibt der Kirche Religionsfreiheit
325	Konzil von Nicaea: Jesus wahrer Mensch und wahrer Gott
336	Martin wird in Pannonien (Ungarn) geboren, wächst auf in Pavia
351	Martin wird Soldat, dient unter Kaiser Konstantinus 351–361 als Tribun (Oberst) in der Gardereiterei
354	Martin wird in Amiens (Frankreich) getauft
356	Martin scheidet unter Kaiser Julian (355–363) bei Worms aus dem Militärdienst aus
360	Martin gründet unter dem Einfluss des heiligen Hilarius von Poitiers das erste Kloster Galliens, Ligugé
371	Bischofsweihe in Tours
372	Martin gründet das Kloster Marmoutier in der Nähe von Tours
vor 375	Besuch bei Kaiser Valentinian (364–375) in Trier
380	Kaiser Theodosius (378–395) erklärt das Christentum zur Staatsreligion
384	Bischof Ambrosius von Mailand und Martin von Tours treten bei Kaiser Maximus (383–388) in Trier für Priscillian und seine Anhänger ein
385	Hinrichtung Priscillians und seiner Anhänger in Trier; Martin kommt wieder nach Trier, um Fürbitte für die Verfolgten einzulegen
397	Bischof Martin stirbt am 8. November in Candes und wird am 11. November in Tours begraben

Weiterführende Literatur

AUER, WILHELM, Goldene Legende. Leben der lieben Heiligen Gottes auf alle Tage des Jahres. Köln 1904

BAS, H., St-Martin. Tours 1897

BECKER-HUBERT, MANFRED, 1600 Jahre Verehrung des heiligen Martin von Tours. Geschichte, Legenden, Sankt-Martin-Lexikon (PEK-Skript). Köln 1996

BECKER-HUBERT, MANFRED, Feiern – Feste – Jahreszeiten. Lebendige Bräuche im ganzen Jahr. Geschichte und Geschichten, Lieder und Legenden. Freiburg/Basel/Wien ²2001

BECKER-HUBERT, MANFRED, Lexikon der Bräuche und Feste. 3000 Stichwörter mit Infos, Tipps und Hintergründen. Freiburg/Basel/Wien ³2002

BÜTZLER, THEODOR, Kölner Martinsfest. Köln 1946

CLEMEN, K., Der Ursprung des Martinsfestes. In: Zeitschrift für Volkskunde 28 (1918)1– 4

DAHM, AUGUST, Das Martinsfest. Düsseldorf 1945

DRUMM, JOACHIM (Hrg.), Martin von Tours. Der Lebensbericht von Sulpicius Severus. Übertragung von Wolfgang Rüttenauer. Ostfildern ²1997

DUPRAT, C., Charité de saint Martin (Ausstellungskatalog). Musée des Arts et traditions populaire. Paris 1961

FISCHER, FERDY, St. Martin feiern. Düsseldorf 1995

GREGOR VON TOURS, Zehn Bücher Geschichten, bearb. von Rudolf Buchner. 2 Bde. Darmstadt 1990 (7. und 8. unveränderte Auflage)

GROSS, WERNER / URBAN, WOLFGANG (Hrg.), Martin von Tours. Ein Heiliger Europas. Ostfildern 1997

HATTENHAUER, HANS, Sankt Martin als Sozialpolitiker. In: Jahres- und Tagungsbericht der Görresgesellschaft 2002, 35–59

HINDRINGER, R., Der Schimmel als Heiligen-Attribut. In: Oberdeutsche Zeitschrift für Volkskunde 5 (1931) 9 ff.

HÜNERMANN, WILHELM, Sankt Martin. Der Reiter der Barmherzigkeit. Ein Lebensbild des heiligen Bischofs Martin von Tours. Innsbruck/Wien/München 1962

ISSERSTEDT, D., Der Bassenheimer Reiter des Naumburger Meister. In: Marburger Jahrbuch 16 (1955) 181–196

JACOBUS DE VORAGINE, Legenda aurea vulgo historia langobardica dicta. Hrg. v. Th. Graesse. Dresden/Leipzig ³1890. (Neudruck: Osnabrück 1965). Deutsche Ausgabe: Die Legenda aurea. Aus dem Lateinischen übersetzt von Richard Benz. Heidelberg ¹²1997

Katalog Ausstellung „St-Martin dans l'art et l'imagerie". Tours 1961

Katalog Ausstellung „Charité de St-Martin". Paris 1961

Katalog Ausstellung „St-Martin". Douvres 1964

KLERSCH, JOSEPH, Volkstum und Volksleben in Köln. Ein Beitrag zur Soziologie der Stadt. 2 Bde. Köln 1965, 1967

KÜPPERS, LEONHARD, Martin (Heilige in Bild und Legende, 19). Recklinghausen 1967

LECOY DE LA MARCHE, ALBERT, St-Martin. Tours 1881

Lexikon der christlichen Ikonographie. 8 Bde. Freiburg 1976

Lexikon für Theologie und Kirche. 3. Aufl. Hrg. von Walter Kasper u.a. Freiburg 1993ff.

MARTIN, H., St-Martin. Paris 1917

MEISEN, KARL, St. Martin im volkstümlichen Glauben und Brauch. In: Rhein. Jahrbuch für Volkskunde 19 (1969) 42–91

MERZBACHER, F., Martinsrecht und Martinsbrauch im Erzstift Mainz und Hochstift Würzburg während des späten Mittelalters. In: ZSRG.K 71 (1954) 131–158

MEZGER, WERNER, Der Martinstag. Brauchtum im Spannungsfeld zwischen Ökonomie und Katechese. In: Gottes Volk. Bibel und Liturgie im Leben der Gemeinde 8, Hrg. v. Hubert Ritt. Stuttgart 1988, 116–128

MOSER, DIETZ-RÜDIGER, Bräuche und Feste im christlichen Jahreslauf. Brauchformen der Gegenwart in kulturgeschichtlichen Zusammenhängen. Graz/Wien/Köln 1993

NIGG, WALTER / LOOSE, HELMUTH NIELS, Martin von Tours. Freiburg/Basel/Wien ²1979

PAULINUS VON PÉRIGUEUX (PETRICORDIA), Vita S. Martini episcopi (um 470)

PESCH, DIETER, Das Martinsbrauchtum im Rheinland. Wandel und gegenwärtige Stellung. Diss. Münster 1969

PRINZ, FRIEDRICH, Der heilige Martin von Tours. Heiliger in heilloser Zeit. In: Nichtweiß, Barbara (Hrg.): Säulen der Mainzer Kirche im ersten Jahrtausend. Martinus, Bonifatius, Hrabanus Maurus, Willigis (Mainzer Perspektiven aus der Geschichte des Bistums, 3). Mainz 1998, S. 9–23

REGNIER, ADOLPHE, Saint Martin (316–397). Paris 1907

SAUERMANN, DIETMAR, Neuzeitliche Formen des Martinsbrauches in Westfalen. In: RwZVk 14 (1967) 42–67

SCHWEDT, HERBERT, St. Martin, vorwärts reitend. Zur Transformation und Diffusion eines Brauchkomplexes. In: Albrecht Lehmann / Andreas Kuntz (Hrg.): Sichtweisen der Volkskunde (Lebensformen 3). Berlin/Hamburg 1988, 257–266

SIMROCK, KARL, Martinslieder, hin und wieder in Deutschland gesungen, von Alten und Jungen [...] durch Anserinum Genserich. Bonn 1846

SULPICIUS SEVERUS, Vita s. Martini (397). Introduction, texte et traduction par Jacques Fontaine (lat./frz.). In: Sources Chrétiennes 133–135 Paris 1967–1969. Übertragung ins Deutsche bei: K. S. Frank: Frühes Mönchtum im Abendland. Zürich/München 1975, II, 20–52

THULL, MARTIN, Martin von Tours. Aschaffenburg 1985

THULL, MARTIN, Mein Buch vom heiligen Martin. Aschaffenburg 1991

VENANTIUS FORTUNATUS, Vita S. Martini Turonensis (metrische Bearb. der sulpicianischen Vita, um 576)

VOSSEN, CARL, Sankt Martin. Sein Leben und Fortwirken in Gesinnung, Brauchtum und Kunst. Düsseldorf ³1986

ZENDER, MATTHIAS, Der Brauch am Martinstage als Beispiel räumlicher Differenzierung. In: Ethnologia Europaea 4 (1970) 222–228